耀眼的千島珍珠

宏—————————————主編

志、李建宏、許純碩、許淑婷
嬈娟、許淑敏、李佳翰—————————著

菲律賓

五南圖書出版公司 印行

序

　　從地緣政治的角度觀察，菲律賓在西太平洋印太地區，占有重要的戰略地理位置。長期以來，基於國家利益的現實主義考量，菲律賓在美、中兩大強權之間，試圖採取平衡策略的政策，即所謂的「經濟上靠中國，安全上靠美國」。然而這種平衡是動態的，會依隨國際情勢的改變而改變。現今隨著美國對中國的國際戰略，從往來夥伴變成競爭對手的狀態，菲律賓作為美國的第一島鏈防衛系統不可或缺的一部分，美菲印太戰略合作更顯重要。相對地，當前對菲律賓而言，因為中國經濟下滑及美中競爭對峙升高，平衡槓桿已從杜特蒂政府時期的傾斜中國，變成小馬可仕總統的傾斜美國。

　　面對當前相同的國際環境，「新南向政策」已是臺灣在現階段推動國際政治經濟發展最重要的戰略一環。雖然臺灣和菲律賓無正式外交關係，但雙方在經貿、文化、投資、觀光、勞工仍然持續保持密切交流。本書從兩大部分來介紹菲律賓。第一篇「政治、社會、教育與人文」，包括第一章菲律賓憲政發展與展望；第二章菲律賓的教育制度以及第三章菲律賓的藝術與文化。第二篇「經濟與貿易」，涵蓋第四章菲律賓經濟發展的現況與未來展望；第五章菲律賓經濟發展與海外移工；第六章菲律賓國際貿易與投資。希望本書對於菲律賓有興趣的政府部門、企業、非營利組織與個人，能夠提供參考價值。

主編　李建宏

目　錄

第二篇　經濟與貿易

第一篇

政治、社會、教育與人文

Chapter *1*

菲律賓憲政發展與展望

李建宏[*]、李佳翰[**]

[*] 美國西密西根大學國際政治經濟博士，現任環球科技大學公共事務管理研究所助理教
　 授、地方發展與國際化專案辦公室執行長。
[**] 東吳大學德文系、政治大學公共行政研究所碩士生。

第一節　菲律賓憲政體制

壹、政府體系

　　菲律賓，全名爲菲律賓共和國，譽爲東南亞老牌民主國家。受到美國影響實行總統制，總統掌握行政權；國會爲兩院制擁有立法權。司法機關則爲最高法院、上訴法院、地方法院等組成。其他國家獨立機關爲公務員制度委員會（CSC）、選舉委員會（COMELEC）、審計署以及人權委員會等。（Croissant, 2016）

　　菲律賓總統爲國家首腦，六年爲一任。曾擔任總統四年以上者，不得再度競選總統。此外與其他的總統制不同，菲律賓正、副總統並非以「團隊」方式共同競選，而是獨立競選。以 1992、1998 和 2010 年正、副總統來自不同黨派爲最佳案例。（Hartmann, 2001）

　　國會爲兩院制，由參議院和眾議院組成。參議員固定 24 人以該省選區多數制選出，任期六年，可連任一屆，每三年改選半數；而眾議院以簡單多數決方式選出，任期三年，可連任三屆。國會會議分爲常會、特別會議以及行政會議。常會每年一次，於每年七月第四個星期一舉行，並在本次會議結束三十天前確定下一次會議的日期。特別會議則會期不定，是在國會休會期間，總統召集國會議員商討其指定事務。行政會議則由國會或其委員會召集，又稱閉門會議，多數討論國家安全事務。（Loewen, 2018）

　　現階段具有討論性者爲菲律賓國會法案通過流程，部分學者提出菲國中央、地方法案及預算案等皆需要兩院同意，且主要法案集中於眾議院處理。從表 1 可發現，1987 至 2004 年菲律賓法案通過率皆低於 5%。經過繁雜且瑣碎的協商與投票後，法案仍須總統簽署（如圖 1 所示），若其否決，則必須再次送回兩院表決。過多機會使立法程序中斷，造成程序效率過低且容易在各環節中成爲委員會成員權力鬥爭之工具。（Caoilo, 2006）

表1　菲律賓法案通過率（1987-2004）

	立法機構			通過法案數			成功率 (%)
	眾議院	參議院	總數	直接簽署	否決案	總數	
1987-1992	35,420	2,211	37,631	1,000	39	1,039	2.6
1992-1995	14,632	2,079	16,711	534	37	571	3.1
1995-1998	10,551	2,518	13,069	573	17	590	4.3
1998-2001	12,961	2,283	15,244	415	20	435	2.7
2001-2004	6,697	2,749	9,446	76	0	76	0.8

資料來源：Caoilo，2006b。

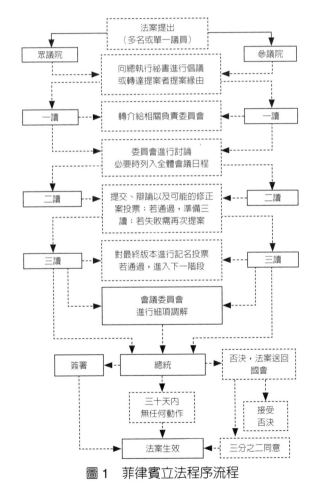

圖1　菲律賓立法程序流程

資料來源：研究東南亞政治體系學者 Aurel Croissant 教授整理，筆者譯。

貳、家族政治

　　家族政治是菲律賓政體主要特色之一。受過去歷史影響下，菲國在民主化推動前由大地主和家族掌握地方事務。對此，學者 Anderson（1988）將菲律賓的民主視為酋長民主和豪強民主。各地方豪強分配利益，大勢力施恩於小勢力，進而形成地方派系。儘管美國將選舉元素帶入菲國，對於各地方豪強並無任何影響。透過不同層級選舉中所建立複雜且穩固的附庸關係，使各方豪強壟斷公營事業和政府合約等公共資源。在普選制度下，仍可透過層層關係鞏固其領導地位，使中央政府無法有效控制，造成恩從關係超越國家認同的現象。對此，時任總統杜特蒂的當選，給予打破家族政治的希望注入一劑強心針。（紀舜傑，2017）

　　在小馬可仕透過社交媒體和運用資訊工具來緩和過去馬可仕家族負面形象，於 2022 年成功當選第十七屆總統。現今參眾兩院的七成由家族政治王朝組成，民主再次淪為政治家族遊戲。五十三歲參議員殊米利連任當選參議院主席，是小馬可仕的重要盟友。在殊米利和其他參議員組成國會多數優勢下，如同完全執政。（黃棟星，2022）

參、政黨體系

　　1901 年成立國民黨，主張菲律賓獨立；1946 年菲國獨立後，國民黨內部分裂出新政黨，名為自由黨。因當時兩黨勢力龐大，造成小黨無法獲得資源和獲得選票。再加上兩黨領袖皆為大家族領導人情形，形成屬地寡頭階層，造成獨立初期的菲國為兩黨制情形（表 2、表 3）。對此有學者提出另一觀點，此時期的菲國更像是一個政黨分成兩大派系（Wing）。當時的國民黨與自由黨無法分辨出誰較為激進或保守，且政治主張不固定。兩黨在野期間透過激進言論和批評執政黨方式獲得選民支持。一旦自身成為執政黨，其自身主張改為保守謹慎，以避免犯錯。此情形又與美國民主共和黨對立截然不同。（陳烈甫，1967）

　　直至馬可仕戒嚴時期垮臺後，1986年菲國制憲菁英制定一套保障小黨的區域代表以及政黨名單代表制，意謂政黨名單選出的眾議員應占有20%。此外透過7941號法中的第四條、第五條、第六條與第九條規定，除了保障小黨生存空間、維護弱勢團體以及反對寡頭政黨外，對於選舉人條件進行詳細訂定。逐漸地，菲律賓走向多黨制、強人政治垮臺的現象。許多政客為了參與執政，更傾向放棄自身原先政黨，轉而投靠能當選總統之候選人所屬政黨。延續至今，在多黨政治的情形，未來菲律賓如何建立起穩固且最高性之政體為主要任務。（陳鴻瑜，1999）

表2　菲律賓眾議員選舉、黨派議席（1946-1969年）

	國民黨議席（%）	自由黨議席（%）	其他（%）	不明（%）	合計
1946	36（37.5）	44（45.8）	12（12.5）	4（4.2）	96
1949	32（32.3）	64（64.6）	1（1.0）	2（2.0）	99
1953	59（58.4）	30（29.7）	12（11.8）	0（0）	101
1957	80（72.2）	18（26.7）	1（1.0）	2（2.0）	101
1961	73（70.8）	27（26.2）	1（1.0）	2（1.9）	103
1965	35（34.3）	59（57.8）	3（2.9）	5（4.9）	102
1969	87（79.1）	16（14.5）	3（2.7）	4（3.6）	110

資料來源：陳鴻瑜，1999。

表3　菲律賓參議員選舉、黨派議席（1946-1969年）

	國民黨議席（%）	自由黨議席（%）	其他（%）	合計
1946	7（43.8）	8（50）	1（6.2）	16
1947	1（12.5）	7（87.5）	0（0）	8
1949	0（0）	8（100）	0（0）	8
1951	9（100）	0（0）	0（0）	9
1953	5（62.5）	0（0）	3（37.5）	8
1955	9（100）	0（0）	0（0）	9

	國民黨議席（%）	自由黨議席（%）	其他（%）	合計
1957	6（75）	2（25）	0（0）	8
1959	5（62.5）	2（25）	1（12.5）	8
1961	2（25）	6（75）	0（0）	8
1963	4（50）	4（50）	0（0）	8
1965	5（62.5）	2（25）	1（12.5）	8
1967	6（75）	1（12.5）	1（12.5）	8
1969	7（87.5）	1（12.5）	0（0）	8

資料來源：陳鴻瑜，1999。

第二節　菲律賓民主發展

壹、菲律賓民主歷史發展

　　菲律賓共歷經四部憲法時期，包含 1899 年《馬洛洛斯憲法》、1935 年《自治憲法》、1973 年馬可仕憲法和 1987 年的艾奎諾夫人《自由憲法》。其中將總統制的靈魂之一，三權分立制度為 1935 年《自治憲法》時期制定。於 1986 年跟上第三波民主化風潮，轉型成功。然而直至現今菲律賓仍處於民主鞏固階段。（陳宏銘，2007）其中 1986 年的《自由憲法》，是在號稱「革命政府」之艾奎諾時期完成。為了消除過去馬可仕政權所有影響力，艾奎諾快速下令成立制憲委員會，並於 1987 年 2 月 2 日公民複決中獲得 75.45% 民調支持。換言之，公投結果獲得極高的支持度，代表民眾過去對於馬可仕執政期間種種行為有著強烈負面反應。此新憲法進行大幅度修改，包含國家領土、原則與國家政策宣告、人民權利、公民資格、選舉權、立法、行政與司法機關、規定的委員會等共計 18 章。（Hawes, 1989）

自 1898 年起，美國開始殖民菲律賓。從美國國會通過 1934 年的《泰汀斯─麥克杜菲法案》並於 1935 年協助「菲律賓自治邦」憲法的制訂來看，主要目的便是協助亞洲國家出現民主政體的誕生。自 1940 年自治邦完成修憲後，菲律賓現有的政治體制加以產生。菲律賓從 1946 年獨立以來，以總統制作為主要憲政體體制。然而施行期間遭逢「馬可仕政權影響」，假借更改議會制之名，行專制獨裁之實。此期間對於菲國民主影響重大。在艾奎諾夫人之後的歷任總統（表 4）相繼提出以議會制之憲政變更，但過去的戒嚴恐懼使民眾擔憂過去的歷史重蹈覆轍，虛位元首所造成的不確定性以及政治人物個人利益使改革怯步。（呂炳寬、翁俊桔，2010）

表 4　菲律賓「後馬可仕時期」歷任總統（1986 年 -）

總統	任期	黨派
柯拉蓉 · 艾奎諾	1986 年 2 月 25 日 - 1992 年 6 月 30 日	統一民族民主組織
斐達 · 羅慕斯	1992 年 6 月 30 日 - 1998 年 6 月 30 日	人民力量─全國基督教民主聯盟
約瑟夫 · 埃斯特拉達（提前下臺）	1998 年 6 月 30 日 - 2001 年 1 月 20 日	菲律賓愛國民眾戰鬥黨
格洛麗亞 · 雅羅育（代理）	2001 年 1 月 20 日 - 2004 年 6 月 30 日	人民力量─全國基督教民主聯盟
格洛麗亞 · 雅羅育	2004 年 6 月 30 日 - 2010 年 6 月 30 日	人民力量─全國基督與穆斯林民主聯盟
貝尼格諾 · 艾奎諾	2010 年 6 月 30 日 - 2016 年 6 月 30 日	自由黨
羅德里戈 · 杜特蒂	2016 年 6 月 30 日 - 2022 年 6 月 30 日	菲律賓民主黨─人民力量
小費迪南德 · 馬可仕	2022 年 6 月 30 日 -	菲律賓聯邦黨

資料來源：呂炳寬、翁俊桔，2010；Loewen，2018。

貳、戒嚴時期與軍方介入

　　馬可仕自 1965 年上臺後，為了可以延續自身在位期間，於 1972 年 9 月 21 日以國家內部社會問題為由，宣布戒嚴令，凍結國會並禁止黨內活動。當時原先領導的主要派系皆遭到馬可仕清掃，並以自身親朋好黨取代之，成為八〇年代菲國執政核心。在此期間，其家族成員和相關幹員壟斷國家機關，並透過外國投資回扣、椰子產品與蔗糖專賣甚至外國援助得到金援利益。此外，透過新成立政黨——新社會運動黨，喊出各種口號，包含「新社會」和「新共和菲律賓意識形態」等，將自身成為民眾心中的再造運動之象徵，進而得到更多支持。（陳鴻瑜，1999）

　　1972 年 12 月 31 日，馬可仕發布第 86 號法令，設立公民會議。1973 年 1 月中旬召開公民會議並於同年 1 月 17 日通過 1973 年馬可仕憲法，將總統制改為內閣制。儘管 1981 年馬可仕解除戒嚴令，但為了延續政權，於是透過公民投票，再將內閣制改為半總統制。從此歷史發展來看，此憲政改革無法與正常民主國家體制相比擬。對此有學者宣稱，這也是菲律賓憲政發展史上的一個特殊經驗（呂炳寬、翁俊桔，2010）。從馬可仕將總統制改為內閣制之動機分析，菲國總統看似有一定的權利，但因為受到國會諸多的牽制下，無法如同美國總統制一樣掌控完全的行政權。反之，若自身身分改為議會制「總理」角色，既可以有效控制國會，更擁有無任期限制。

　　直至 1986 年，人民的不滿逐漸升高，再加上當年總統大選之計票方式將民間組成「全國公民自由選舉與運動」改為國民議會計算。儘管馬可仕當選，也造成艾奎諾夫人為首的反對派發動上街抗議，並且號召學生、工人、勞工與商人等族群進行罷課、罷工和罷市，企圖逼迫馬可仕下臺。其中最為關鍵便是軍方的介入，時任國防部長恩里列和副參謀總長羅慕斯宣布脫離馬可仕陣營並支持艾奎諾。而這樣的情形造成諸多軍官紛紛倒戈、駐外大使相繼不支持馬可仕，要求下臺。最終馬可仕因

自身勢力不再、軍事政變臆測且大勢已去之下，搭乘美軍飛機逃亡夏威夷，結束長達二十年執政。（陳鴻瑜，1986）

　　延續前文描述，菲律賓歷任總統皆不約而同的想將「總統制」改爲「議會制」，雖說自身皆有不同的理由，但都無法成功。Rüland（2003）研究發現，菲律賓人反對「議會制」的關鍵因素，除了缺少相關經驗之憲法程序外，也擔憂歷史悲劇的重演。從歷史發展客觀分析，不難理解菲國國民想法。

第三節　菲律賓國際關係

壹、菲美中三方關係

　　從歷史上解析，自 1898 年美國開始殖民起，至 2023 年與菲國加強軍事關係，代表著菲律賓與美國深厚的連結。自美方協助菲律賓獨立以來，不管在軍事設備、經濟發展以及生活形式皆有明顯影響。甚至因爲當年雷根的支持下，使馬可仕政權維持二十餘年的關鍵因素之一。其主要原因是雷根堅信支持與自身友好的專制政權，可幫助美方在亞洲發展順利。（陳鴻瑜，1982）然而，美國忽略其爲重要之因素：若對「第三世界」專制國家強迫推行民主或壓迫該國內反對勢力，容易造成共產黨接管政權，最後造成民主政體的崩壞和政體的不穩。尼加拉瓜便是最佳寫照。

　　菲國自季里諾上臺後，可明顯看出國家有意根據自身需求和利益進行外交政策制定。其中馬可仕上任總統後，積極與「第三世界」國家經濟合作，東協的經濟投入便是最佳的證明。此外，1975 年與中共建交和 1976 年與蘇聯建交，修改與美方在 1947 年簽訂的軍事基地協定（Military Bases Agreement），將長達 99 年的約期更改爲 25 年，並於 1991 年到期後不再續約，來重新控制美軍在菲國軍事基地，皆是菲

國渴望與美方建立等距外交之最佳證明（顧長永，1990）。中共與菲國關係自 1975 年建交後，進入更深層的互動。艾奎諾夫人和拉莫斯總統分別於 1988 年 4 月和 1993 年 4 月訪中，顯現出雙邊關係之重視。直至 2023 年，雙邊互訪高達二十餘次且多次互相通電。經濟方面，至 2021 年雙邊貿易額 820.5 億美元，其中中國出口額 573.1 億美元，進口額 247.4 億美元。2020 年中方對菲國非金融類直接投資 1.4 億美元，菲國對其投資 0.236 億美元。現今中國已是菲律賓第一大貿易夥伴、第一大進口來源地與第二大出口市場。（中國外交部，2022）

　　儘管雙邊關係因經濟合作緊密，但因地緣政策造成許多衝突。其主要原因在於兩國在南沙群島等南海領土有重疊的領土主張，甚至在 1995 年中方因在美濟礁興建三層高建築而逐漸關係緊張（Storey, 1999）。在艾奎諾三世任期中，2012 年因黃岩島事件[1]以及 2013 年南海仲裁案出現引爆點。也因為中方拒絕參與仲裁案、宣稱外國人無權仲裁領土立場且不承認仲裁庭的司法管轄權，甚至拒絕菲國任何形式有關此案的和解提議下，造成雙方關係降到冰點。（孫國祥，2013）直到杜特蒂擔任總統，因調整對中政策、批評美方殖民心態和擱置南海問題下，與中方關係逐漸改善。

　　新任總統小馬可仕上任後，可看出菲國與兩國皆有友好互動並在三邊關係下維持平衡。2023 年 1 月 5 日小馬可仕拜訪中國，與習近平、李克強和栗戰書會面。隨後雙邊發表聲明表示同意就南海問題建立直接溝通管道，以和平處理爭端。（BBC News, 2023）並在 2 月 2 日於華盛頓公布新協議，再次於菲律賓增加軍事存在，獲得菲國另外四個基地的使用權，是三十年來首次將在菲律賓擁有如此大的軍事存在。此動作可

---

[1] 菲律賓海軍軍艦於2012年4月10日於黃岩島周邊環礁，準備逮捕和扣押中國12艘漁船與漁民時，遭到中方第7和8支隊中兩艘艦艇趕往阻止。此事件隨後形成中菲一個多月的海上和外交衝突。（林正義，2012）

明顯看出美方亞太政策的決心外，對於我國的保障也是一大提升。儘管中國發表聲明抗議，但現階段的小馬可仕與杜特蒂相反，與美方軍事合作提升。（紐約時報中文網，2023）

貳、菲律賓政治情勢分析與展望

在國內政治方面，菲律賓是一個受到東西文化交織影響的國家，過去因受到美國殖民的關係，比許多亞洲國家還早許多接觸現代化潮流。包含亞洲第一家新聞報章社、第一所大學以及銀行等。然而該先天優勢並未幫助菲律賓順利民主化，根據自由之家（Freedom House）統計菲國政治權利和人民權利分數總和獲得 55 分（滿分 100 分），相較我國 94 分差距甚多，[2] 未來菲律賓憲政體制的民主化發展仍有待觀察。

在國際政治方面，菲律賓如同其他東協成員一樣，都採取維持東協發展並在美中兩大強權之間取得平衡的策略。然而這種平衡是動態的，會依隨國際情勢的改變而改變。隨著美國對中國的國際戰略，從交往變成競爭的狀態，菲律賓作為美國的第一島鏈防衛系統不可或缺的一部分，美菲印太戰略合作更顯重要。相對地，當前對菲律賓而言，平衡槓桿已從杜特蒂政府時期的傾斜中國，變成小馬可仕總統的傾斜美國。未來菲律賓仍會試圖平衡對美和對中的雙邊關係，然而只要中美競爭關係不變、美菲關係持續深化應該是可以被預期的。

參考文獻

1. BBC中文網，〈菲律賓總統小馬科斯訪華　中菲同意「和平」處理南海爭端　簽署14項雙邊協議〉。2023年1月5日，取自網址：https://

2　Freedom House. Countries and Territories. Retrieved from https://freedomhouse.org/countries/freedom-world/scores.

www.bbc.com/zhongwen/trad/chinese-news-64171949。

2. 中華人民共和國外交部，〈中國與菲律賓的關係〉。2023年11月，取自網址：https://reurl.cc/jRXRlm。

3. 呂炳寬、翁俊桔，2010，〈菲律賓憲政體制變革之可行性分析〉，《臺灣民主季刊》，*7(1)*，頁107-131。

4. 李淑貞，2012，〈泰國民主轉型時期的軍雯關係（1991～2006）〉，《人文社會科學研究》，*6(2)*，頁41-79。

5. 林正義，2012，〈菲律賓處里黃岩島衝突的策略〉，《戰略安全研析》，*85*，頁12-19。

6. 紀舜傑，2017，〈菲律賓之國家認同─被殖民經驗與主體意識的課題〉，《臺灣國際研究季刊》，*13(3)*，頁173-188。

7. 孫國祥，2013，〈析論菲律賓控中國仲裁案〉，《臺灣國際法季刊》，*10(3)*，頁115-149。

8. 紐約時報中文網，〈美國加強在菲律賓軍事存在，制衡中國〉。2023年2月3日，取自網址：https://cn.nytimes.com/asia-pacific/20230203/philippines-united-states-military-bases/zh-hant/。

9. 陳宏銘，2007，〈東南亞的總統制：勒律賓與印尼憲政體制的形成與演化比較〉，《中華人文社學學報》，*(7)*，頁10-37。

10. 陳烈甫，1967，〈菲律賓政黨政治的特質〉，《問題與研究》，*6(8)*，頁15-19。

11. 陳鴻瑜，1982，〈菲律賓與美國關係的新展望〉，《問題與研究》，*22(2)*，頁24-36。

12. 陳鴻瑜，1986，〈菲律賓軍人與政治發展〉，《問題與研究》，*25(10)*，頁39-50。

13. 陳鴻瑜，1999，〈菲律賓的政黨政治從兩黨政治到多黨政治之轉變〉，《問題與研究》，*38(5)*，頁31-59

14. 黃棟星，2022，〈菲律賓國會變成家族事務〉，《亞洲週刊》，

(35)。取自網址：https://reurl.cc/kq4qy3。

15. 顧長永，1990，〈論美軍在菲律賓的去留〉，《問題與研究》，*29(15)*，頁67-86。

16. Anderson, B., 1988, Cacique Democracy and the Philippines: Origins and Dreams. London, England: New Left Review.

17. Caoilo, O.C., 2006b, The Restored Philippine Congress. In Philippine Politics and Governance. An Introduction, hrsg. N.M. Morado, and T.S. Tadem-Encarnacion, 299-333. Diliman, Quezon City: University of the Philippines Press.

18. Croissant, A., 2016, Die politischen Systeme Südostasiens Eine Einführung. Wiesbaden, Germany: Springer.

19. Croissant, A., 2022, Comparative Politics of Southeast Asia – An Introduction to Governments and Political Regimes. Wiesbaden, Germany: Springer.

20. Hartmann, C., Hassall, G., & S. Santos., 2001, Philippines. In Elections in Asia and the Pacific. A Data Handbook. Vol. II: South East Asia, East Asia, and the South Pacific, hrsg. D. Nohlen, Grotz, F., und C. Hartmann, 185-238. Oxford: Oxford University Press.

21. Hawes, Gary, 1989, Aquino and Her Administration: A View from the Countryside. Pacific Affairs, 62(1), 9-28.

22. Loewen, H., 2018, Das politische System der Philippinen Eine Einführung. Wiesbaden, Germany: Springer.

23. Rüland, Jürgen, 2003, Constitutional Debates in the Philippines: From Presidentialism to Parliamentarianism. Asian Survey, 43(3), 461-84.

24. Storey, I. J., 1999, Creeping Assertiveness: China, the Philippines and the South China Sea Dispute. Contemporary Southeast Asia, 21 (1), 95-118.

Chapter 2

菲律賓的教育制度

許純碩[*]

[*]　美國斯伯丁大學教育博士，現任環球科技大學企業管理系副教授。

第一節　菲律賓的教育制度與歷史發展

壹、西班牙、日本、美國殖民時期

　　菲律賓的教育體系歷史悠久，與多個國家的殖民統治密切相關，這種影響一直持續對該國的教育體系和文化產生深遠的影響。

　　西班牙在菲律賓殖民統治長達 333 年（1565-1898），並將教育交由天主教會負責，主要用於傳教和培養官員和牧師。在此期間，西班牙建立了一系列教育機構，如聖湯瑪斯大學和聖卡洛斯大學等，為西班牙殖民者的子女和神學生提供教育。這些學校至今仍然持續運作中。（Alave, 2018；Orosa, 1998；松浦勝翼，2018）

　　美國殖民統治時期（1898-1946）美國政府引入以英語為主的教育體系，並建立學校和大學，以宣揚美國價值觀和文化。這段時期見證了現代化教育體系的建立，並將英語作為教學語言。美國文化也融入了菲律賓的教育體系，但也引發了有關文化和認同的爭議。（Tan, 2014）

　　與此相反，日本在菲律賓的殖民時期（1942-1945）對教育體系進行了大規模改革，強制實行日本式教育，灌輸日本文化和價值觀。這對菲律賓文化和認同產生了深遠的影響，但在日本投降後已被取消。（Medina, 2001）

　　1946 年菲律賓共和國成功實現了完全的獨立，然而，美國在此後仍保留了一些軍事基地。菲律賓與美國之間在軍事領域的連結一直保持著緊密的關係。儘管當時國內的民族主義高漲，引發了強烈的要求撤回美軍的呼聲，甚至在 1992 年曾短暫廢除了一部分的基地，但隨後面臨來自中國的軍事威脅，菲律賓又於二十世紀九〇年代末恢復美軍基地，重振了與美國的合作關係。（背包客遊學，2019）

貳、菲律賓的教育制度改革

1908 年，菲律賓迎來了一個歷史性的轉折點，當時正式建立了菲律賓國立大學，為該國提供了官員培訓的重要教育機會。這一重要的舉措標誌著菲律賓教育體系的現代化起步，為培育專業人才奠定了堅實的基礎。然而，教育改革的歷程並非一蹴而就。在 1990 年代末和 2000 年代初，菲律賓政府積極實施了一系列改革措施，包括 K-12 基礎教育計畫、提高英語教學品質、推廣 STEM 教育、提高技術和職業教育水平，以及促進語言多樣性等，使其與國際教育趨勢保持一致。（Castillo, Antiado, Reblando, 2019）

真正的巨大變革發生在阿基諾領導時期（2010-2016）。在前總統阿基諾的領導下，菲律賓的教育體系經歷了深刻的變革。由傳統的 K10 制度（小學 6 年，中學 4 年）轉變為 K-12 制度（小學 6 年，中學 4 年，高中 2 年），旨在提高學生的學術水平和競爭力，使他們更好地應對現代社會的需求。這項改革使得教育體系更為完整，為學生提供更長的學習機會。2013 年，《強化基礎教育法》的實施進一步改變了教育格局，引入了一年制的幼稚園，將基礎教育擴展至 12 年制，包括 6 年小學、4 年初中和 2 年高中教育。這樣的長期教育體制使學生有更多時間來掌握概念和技能，從而更好地為高等教育、中級技能發展、就業和創業做好準備。（TEACHERPH, 2014-2023）

2018 年，菲律賓邁入 K-12 制度的新階段，迎來了第一屆 K-12 畢業生，標誌著先前改革的實施成果，旨在提高學生的學術水平和競爭力，以迎接現代社會的挑戰。目前，菲律賓的教育體系致力於提高教育品質，同時促進多元文化和語言多樣性，以更好地應對現代社會的需求。然而，這一過程仍然面臨著一系列挑戰，包括教師不足、教育設施不足以及貧困家庭孩子無法實現夢想等問題，這是當前教育體系仍需努力解決的問題。（Castillo, Antiado, Reblando, 2019；全球視野看民族編

輯部，2017；松浦勝翼，2018；李可鈺，2023）

　　總體而言，菲律賓的教育體系在歷史和文化的影響下不斷發展演變。儘管教育改革取得了一些重要成就，但仍需持續解決挑戰，確保每個學生都能夠平等地接受高品質的教育。

參、菲律賓的教育主管機關

　　菲律賓的教育體系包括早期兒童照護與發展（ECCD）、基礎教育、技術與職業教育培訓（TVET）以及高等教育（CHED）。在教育部（DepEd）的監管下，基礎教育獲得了全面發展，同時早期兒童照護與發展委員會（ECCD Council）專責早期兒童照護與發展教育，技術教育和技能開發局（TESDA）負責高中後的技術與職業教育，而高等教育委員會（CHED）則負責高等教育。此外，爲了促進文化和體育的發展，國家文化和藝術委員會（NCCA）和菲律賓體育委員會（PSC）也成立了兩個相關的專責機構。（TEACHERPH, 2014-2023）

1. 教育部（Department of Education, DepEd）

　　教育部負責全面管理和監督菲律賓的教育體系。其主要職責包括制定教育政策和法規、發布教科書、協助學校建設和提高教學品質，以及提供培訓和支援。此外，教育部還負責監督大學教育，以確保其品質和一致性。於 2019 年 11 月，菲律賓教育部設立了菲律賓基礎教育論壇，此論壇的目的在於促進跨機構的合作。該論壇每季舉行一次，邀請各教育機構的代表以及其他相關利益相關者參與，共同探討教育部以及其他教育倡議的議題，以確保菲律賓的教育體系能夠協調運作並不斷改進。（全球視野看民族，2017；TEACHERPH, 2014-2023）

2. 早期兒童照護與發展委員會（Early Childhood Care and Development Council, ECCD Council）

早期兒童照護與發展委員會的主要職責包括制定政策和計畫，提供技術支援，以及協助早期兒童照護與發展服務提供者。此外，他們負責監測早期兒童照護與發展服務的效益和成果，確保這些服務能夠有效地滿足兒童的需求並取得可衡量的成就。幼兒教育方案，例如日托中心，受到教育部所屬的 ECCD Council 的監管。在 2013 年通過的早期年幼法案中，ECCD Council 被賦予了政府早期兒童照護與發展計畫的主要支持角色，這個計畫旨在涵蓋 0 至 4 歲兒童的健康、營養、早期教育和社會服務。（TEACHERPH, 2014-2023）

3. 技術教育與技能發展局（Technical Education and Skills Development Authority, TESDA）

技術教育與技能發展局（TESDA）是負責監督國家技術與職業教育的機構，與教育部存在某些職責重疊。然而，值得注意的是，唯一的區別在於教育部的技職課程尚未獲得 TESDA 的認證。這意味著，將技職課程納入 TESDA 的認證體系將會提升這些高中課程的價值，因此應該被視為一項嚴肅的追求。TESDA 的職責範圍涵蓋中等教育、高等教育以及非高等教育領域。該機構負責監督和認證副學士學位和短期高等教育課程，以確保這些課程的品質和標準達到所需水準。

4. 高等教育委員會（Commission on Higher Education, CHED）

高等教育則由高等教育委員會（CHED）負責管理和監督。CHED 是負責規劃、發展、和監管高等教育體系的機構，確保高等教育機構遵循政策和標準，以提供高品質的學術和專業教育。這兩個機構在菲律賓的教育體系中扮演著不同但互補的角色，確保各級教育機構能夠提供優質的教育和培訓。（全球視野看民族，2017；TEACHERPH, 2014-2023）

肆、教育體制

1. 公立與私立學校

　　菲律賓的教育體系是免費且強制性的，涵蓋幼稚園至高中。自2016-2017學年起，公立學校的高中兩年也成為了免費且強制性的一部分。國立大學和職業訓練學校自2017年起也實行免學費政策。儘管公立學校提供免費的義務教育，但學生仍然需要支付其他費用，例如制服、教科書、學校設施投資和特別課程的捐款，以及全年的活動費用。儘管公立學校提供免費教育和更好的設備，但許多城鎮和村莊仍然缺乏在其社區內設立教育機構的機會。學生需要翻山越嶺，穿越河流，老師需要自費購買教材。

　　菲律賓政府鼓勵私人辦學，推行為私立學校提供長期低息貸款，並免徵財產稅等政策，為私立學校創辦提供各種條件。私立學校的監管取決於其涵蓋範圍和運營層次，包括基礎教育、高等教育或職業技術教育。它們必須遵循政府課程，但可以自由提供超出要求但不少於規定內容的教育。私立學校主要由私人資金支持，一些高中學校可以通過教育服務合同（ESC）和高中助學金計畫（VP）獲得政府的一定補助。

　　公立大學和私立大學之間的主要區別在於學費收費方式和學術資源的優劣。公立大學的學費較低，但學術資源可能較有限。私立大學的學費較高，但通常擁有更豐富的師資與學術資源。（孫琦、羅金花，2015；Lim, 2005；TEACHERPH, 2014-2023；BusinessMirror, 2022）

　　整體而言，菲律賓的教育體系致力於提供免費的基礎教育，同時為學生提供多樣的教育選擇，包括公立和私立學校，以滿足不同學生的需求和家庭財務狀況。

2. 教師培訓機構（Teacher Training Organization）

　　在菲律賓的高等教育體系中，教師培訓機構（包括私立和公立學校）與教育部密切合作，特別是透過菲律賓國家教育學院（NEAP）進

行教師培訓，專注於在職培訓。目前，這一合作主要集中在由菲律賓高等教育委員會（CHED）指定的卓越中心和發展中心。這些中心提供高品質的教育培訓，有助於教師不斷提升自己的教育水準和專業技能。這種合作有助於確保菲律賓的教育體系能夠不斷提高教育品質，培養出更出色的教育者，從而促進學生的成功和教育改革的實施。

3. 教育協調委員會（Coordinating Council of Private Educational Associations, COCOPEA）

菲律賓的高等教育體系在菲律賓私立教育協調委員會（COCOPEA）的引領下，積極參與各種教育協會，以不同的主題與教育部進行對話和合作。COCOPEA 是一個整體性組織，包括五個教育協會，其成員學校數量超過 2,500 所。這五個協會分別是：菲律賓大學和學院協會（PACU）、菲律賓天主教教育協會（CEAP）、菲律賓基督教學校、學院和大學協會（ASCU）、菲律賓私立學校、學院和大學協會（PAPSCU）、菲律賓技術職業學校協會（TVSA）。菲律賓政府在教育領域積極實行公私協作政策，這一政策源於 1987 年菲律賓憲法第 XIV 條第 4 款，並已透過特定的政府計畫和政策加以實施，例如國立大學和公立學院的免費高等教育計畫。（TEACHERPH, 2014-2023；Castillo, Antiado, Reblando, 2019）

4. 學術智庫

學術智庫是執行經由同領域評審的高品質學術研究和發表的機構。在過去七年中，菲律賓有兩個教育智庫一直與教育部合作，這兩個機構分別是：

(1)區域教師素質中心（Regional Center for Teacher Quality, RCTQ）：菲律賓師資素質區域中心，與澳大利亞紐卡斯爾大學合作。

(2)評估、課程和科技研究中心（Assessment, Curriculum, and Technology Research Center, ACT-RC）：菲律賓大學評量、課程和技術研究中心，與澳大利亞墨爾本大學合作。

這些合作項目是通過 BEST 計畫實現的，旨在促進教育品質和改進。東南亞教育部長組織（SEAMEO-Innotech）與教育部已經合作多年，合作內容涵蓋了多個教育主題，致力於教育改革和提高教育品質。此外，菲律賓發展研究所（PIDS）也積極進行了多方面的教育研究，包括教育融資、非就學青年、高中教育、私立教育以及教育與勞動市場的互動等議題。（TEACHERPH, 2014-2023）

5. 主要教育捐助者

自 1980 年代以來，菲律賓教育部一直受到世界銀行、亞洲開發銀行及其他國際捐助機構的貸款和技術支持。此外，眾多國際非政府組織（INGOs）也積極參與菲律賓的教育領域，包括菲律賓救助兒童協會、世界展望會和樂施會等。菲律賓國內也擁有龐大且活躍的非政府組織（NGO）部門，其中包括菲律賓社會進步協會（PBSP）和菲律賓教育基金會（PBEd）等機構。此外，還有與教育部合作的特殊組織，如「教育志業計畫」（Teach for the Philippines），它是國際組織「全球教育共同體」（Teach for All）的地方分支機構。此外，企業基金會聯盟（League of Corporate Foundations），也活躍於菲律賓，包括許多支持教育項目的企業基金會，如「Bato Balani 基金會」、「可口可樂基金會」、「Ramon Aboitiz 基金會」、「Jollibee 基金會」等等。這些組織和捐助者的合作旨在改善菲律賓的教育體系，提供更優質的教育機會和資源。（TEACHERPH, 2014-2023）

伍、各階段的教育制度

菲律賓的教育制度為幼稚園 1 年、小學 6 年、中學 4 年、高中 2 年、大學 4 年（技術專業 5 年）。從幼稚園到高中為 13 年義務教育，並有跳級制度。中學和高中有普通學校和「科學高中」兩種，通過考試合格的學生可以進入科學高中，獲得專業知識。大學入學率為 35.48%，許

多人因經濟原因無法進入或完成大學學業。大學學年一般分爲前期（8至 12 月）、後期（1 至 5 月）和畢業季（6 月）。（ASIA to JAPAN, 2023）

1. 幼稚園教育：（1 年），5-6 歲

菲律賓已將幼兒園納入基礎教育課程，根據 2012 年 1 月 20 日頒布的《幼稚園法》（RA 10157），將其設爲義務性課程，旨在培養兒童的身體、社交、智力和情感技能，以爲進入正規小學教育做好準備。現在，菲律賓的每位五歲以上的孩子都可以接受全面的幼兒園教育，包括語言、數學、科學、社會、體育和藝術等科目。

2012 年的幼兒教育法加強了幼兒教育的基礎。自 2011 年開始實施的一年強制性幼兒園教育政策，使 2015 年的幼兒園入學率從 55% 提高到 74.6%，政府的 23.9 億披索的支持發揮了重要作用。幼兒教育還注重孩子的情感和精神健康，透過遊戲和運動等活動，幫助孩子學習健康的情感和行爲模式。

自 2013 學年起，幼兒園已成爲進入一年級的強制性課程。教育部採納了聯合國教科文組織的觀點，認爲孩子們可以透過他們的母語最好地學習，因此在正式學校教育的前四年（幼稚園至三年級）採用母語（MT）教學作爲第一語言教學。（居外網，2017；Castillo, Antiado, Reblando, 2019；TEACHERPH, 2014-2023；Japan International Cooperation Agency, 2003）

2. 小學教育：（6 年）1-6 年級，6-12 歲

菲律賓的小學教育是基礎教育體系的核心，爲期六年，涵蓋 1 到 6 年級。學生在這個階段學習各種基本學科，包括菲律賓語、英語、科學、數學、歷史、地理、公民教育、家政與生計教育、音樂和藝術。

小學教育強調全面知識和技能的培養，同時也注重社會和道德教育，培養學生的社會責任感和道德價值觀。高年級的小學延續了基礎學習，加強了閱讀理解、寫作能力、文書處理等實用性的「官能識字」技

能和分析、綜合、評估、創造性解決問題等較爲複雜和深入思考的「高階思維能力」的培養，以更好地應對不斷變化的環境。

菲律賓政府組織改進教育體系，提高小學教育品質，並爲學生提供更多高品質的教育機會。2013 年通過《增強基礎教育法》，以提升學術表現和機會。此外，政府還提供經濟援助和獎學金，支持有需要的學生完成他們的學業。（UNESCO, 2015；TEACHERPH, 2014-2023；Japan International Cooperation Agency, 2003）。

3. 初中教育：（4 年）7-10 年級，12-16 歲

菲律賓的初中教育體系共有四年，前兩年是初中（JHS）課程，包括英語、數學、華語、物理、化學、生物、社會科學、人文科學、體育、音樂和美術等。這些科目的學習對於學生的學術和社會文化發展發揮著重要的作用。後兩年的課程分爲普通科與職業科兩個方向。這個設計強調學生的職業發展和選擇，透過專題研究、工作坊和講座等活動，幫助學生了解自己的興趣和專長，進而更有針對性地選擇適合自己的職業道路。

政府高度重視初中教育，不僅增加了教育經費的投入，還致力於提升教育品質和學校設施的水準。並且，政府透過提供獎學金和助學貸款計畫，幫助有需要的學生繼續接受教育。（TEACHERPH, 2014-2023；Japan International Cooperation Agency, 2003）

4. 高中教育：（2 年）11-12 年級，16-18 歲

自 2016 年實施全新政策後，菲律賓的教育體系發生了重大的變革。原本只提供爲期十年的義務教育的政策被重新構思，這項新政策要求自 1999 年以後出生的學生需要完成兩年額外的高中學習，這一改變賦予學生更爲充實和深入的教育經驗，爲他們未來的發展提供了更多的機會。（李可鈺，2023）

新政策引入了爲期兩年的高中課程，旨在爲學生提供未來所需的知識和技能，不論是繼續升學還是進入職場。學生可以根據自己的興趣

專長選擇不同的領域，包括學術類、技職類、運動類或藝術與設計類（圖1），爲下一個階段做好準備。（賴奕諭，2018）

　　學術類是針對計畫升大學的學生提供的課程，分爲三個專業方向：工商、會計和管理（BAM）；人文、教育和社會科學（HESS）；科學、技術、工程和數學（STEM）。

　　高中課程包括英語、數學、華語、物理、化學、生物、社會科學、人文科學、體育、音樂、美術、財務管理和專業課程等，爲學生的學術發展和未來職業提供支持。

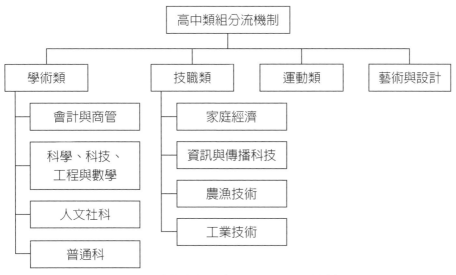

圖1　菲律賓新學制高中類組分流機制

資料來源：賴奕諭，2018。

　　高中畢業生可透過TESDA申請證書，提升技能，迅速就業。K-12課程培養高熟練度畢業生，競爭力強，全球就業有優勢。技職教育（TVL）注重實用知識，幫學生找到理想工作。運動和藝術教育培養相關知識和技能。學術和技職教育爲學生未來發展做好準備，提供不同

學習途徑，幫助學生在學術或職業領域有優勢。菲律賓政府積極提升高中教育品質，提供獎學金和助學貸款支持有需要的學生。（居外網，2017；Castillo, Antiado, Reblando, 2019；gov.ph, 2021；TEACHERPH, 2014-2023；Japan International Cooperation Agency, 2003；BusinessMirror, 2022）

這項新政策強調了高中階段的重要性，為學生提供了更多選擇，使他們能夠更積極地追求自己的興趣和職業目標。這一變革不僅為菲律賓的年輕一代帶來了更廣泛的教育機會，還有望提高國家的競爭力，並為社會和經濟的可持續發展做出貢獻。

5. 大學教育：（4-5 年），18-22 歲

菲律賓的高等教育體系受美國影響，採用類似的教育制度、高度文化普及率，英語廣泛應用於教育、金融和貿易領域。大學強調培養學生的創造性學習能力，提升他們的綜合素質，與國際接軌。

菲律賓擁有悠久的高等教育歷史，包括亞洲最古老的大學──聖托馬斯大學，該校成立於 1611 年，也是美國在亞洲建立的第一所大學。

菲律賓的高等教育體系呈現出多樣性，其中有大約 88% 的高等院校為私立機構，這些學校包括宗教附屬學府，主要是天主教學校，以及非宗教性質的學府。這些私立學府在教育課程上多半提供與公立院校相當類似的學習體驗，並且同樣受到菲律賓高等教育委員會（CHED）的監管。（艾菲學菲律賓碩博留學，2021 年 12 月 11 日）

菲律賓的大學教育體系包括國立大學 1 所、公立大學 111 所、地方大學 118 所、私立大學 1,721 所，以及其他政府學校等，共計 13 所。

菲律賓高等教育機構分為四種類型，包括公立大學與學院（SUCs）、地方大學與學院（LCUs）、其他以及私立大學與學院（PHEIs）。菲律賓大學是唯一的國立大學，在公立大學中享有更高的自主性。公立大學分為直屬中央「高等教育委員會」監管的 SUCs 以及歸地方政府管轄的 LCUs，後者前身為社區學院。

　　高等教育機構（學院與大學）在學術與專業領域提供多元課程，後期中等技職課程持續 1-3 年可獲得國家級證書（1-3 級別）；副學士學位須就讀 2-3 年；學士學位則一般需要 4 年的修業時間，但在工程學系、建築學系則需要 5 年；牙醫、獸醫或其他醫科需要 6 年的修讀時間。取得研究生文憑或證書通常需要 1 至 2 年的時間；碩士學位課程就讀年限爲 2-3 年；博士學位課程最少需要 2 到 3 年的時間才能完成學業。（教育部國際暨兩岸教育司，2021）

　　根據聯合國教科文組織（UNESCO）2020 年的調查，菲律賓的大學入學率約爲 35%，在全球 153 個國家中排名第 88。（YOLO WORK, 2023）

　　菲律賓杜特第總統上臺後，推動高教免學費政策，2017 年時通過《全民優質高等教育普及法案》（*Republic Act 10931*，又稱 *Universal Access to Quality Tertiary Education*），此法案意謂學生就讀公立大專院校將獲得免學費待遇。2017 學年度在公立大學與學院入學的 90 萬學生都受惠於此一政策。2018 學年度，估計將有 130 萬學生無須繳學雜費即可註冊就讀於公立與地方大學。（Iwan Seyhu, 2021）

　　總之，菲律賓的大學教育體系以多元發展與國際融合爲核心，提供了多樣的學習選擇。注重培養學生的實踐能力和職業導向，透過政府支持和豐富的教育資源提供優質的教育。

6. 師資培育

　　關於師資培訓，完成四年課程並獲得小學教育科學學士學位的師培生資格者在小學任教；獲得中學教育科學學士學位者可以在中學任教。此外，擁有文學碩士、教育學博士或哲學博士學位者有資格成爲大專院校的講師、教授、行政人員，或擔任學校的首長職位。（全球視野看民族，2017）

　　除了最近通過的教育部第 42 號令——菲律賓教師專業標準（PPST），教師教育委員會（TEC）仍然是支持菲律賓教師專業發展

和培訓的重要機構。根據 RA 7784，該委員會的目標是強化菲律賓教師教育，建立卓越的培訓中心，提供撥款，以及實現其他目標。該機構的願景是建構一個完善的教師教育體系，其使命是培訓具有高度誠信和能力的教師，並致力於持續專業發展，履行教育責任，幫助學生成為負責任的個人，以及菲律賓和世界公民。這意味著自 1990 年代以來，菲律賓的教師已經開始為全球化趨勢做好準備。因此，對於政策制定者和教育部長來說，推動更多的項目和計畫以提升教師的技能水準變得至關重要。（Castillo, Antiado, Reblando, 2019）

7. 碩士（2 年）和博士（3 年）

　　菲律賓提供多種碩士和博士學位課程，讓學生有機會在不同領域深入研究和學習。通常，碩士學位課程需要完成 24 至 36 個學分，包括課程和獨立研究，並通過碩士論文審查。而博士學位課程需要完成更多學分，包括深入研究和專業訓練，並通過博士論文的審查。菲律賓提供多種碩士和博士學位，包括文學、教育、工商管理、法律、科學、工程、醫學、環境科學和國際事務等，學習年限通常為 2 年。而文學博士、教育博士、工商管理博士、法律博士、科學博士、工程博士、環境科學博士和國際事務博士通常需要 3 至 4 年完成。醫學博士學位則需要 4 至 5 年時間學習。（Commission on Higher Education, 2021）

　　通過攻讀碩士和博士學位，學生能夠提高自己的學術能力，並在專業領域做出更有影響力的貢獻。此外，碩士和博士學位還能為學生的職業生涯帶來更多的機會和優勢。

　　菲律賓擁有眾多的研究所，專注於各種學術領域。一些知名的研究所包括菲律賓科學研究所、菲律賓商業研究所和菲律賓社會科學研究所。這些研究所透過持續的研究和開發為菲律賓的進步和發展做出重要貢獻。（De La Salle University, 2023）

8. 替代學習系統

　　替代學習系統（ALS）是一種可替代正規教育的平行學習系統，提

供非正規和非正式的知識和技能。ALS 課程與正規 K-12 課程在多方面相關，但並非完全相同。ALS 包括了正規課程中未包含的信息、通信和科技（ICT）技能，以及日常生活所需的能力。它爲學習者提供了獲取職業和技術技能的機會，以提高就業能力和競爭力。ALS 學習者透過功能識字測試（FLT）進行評估。基本識字計畫（BLP）旨在培養識字技能，包括閱讀、寫作、數字和基本理解，以解決特殊情況下的文盲問題，如學校輟學兒童和成年人。認證和等同性（A&E）計畫爲未完成基礎教育的特殊情況下的學校輟學兒童和成年人提供了替代學習途徑。該計畫允許中途輟學和提前離校的學生在正式體系之外完成初等和中等教育。通過小學和初中水準的等同性測試的學生可以順利過渡到下一個水準。

　　總之，替代學習系統（ALS）提供了靈活的學習路徑，使那些無法接受正規教育的人有機會獲得學歷。它通過替代的學習方式爲這些人提供了平等的學習機會，幫助他們獲得知識和技能，提高生活品質和就業競爭力（TEACHERPH, 2014-2023）。

第二節　菲律賓現階段教育面臨的優點與問題點

壹、菲律賓教育體系具備的優點

1. 多元文化背景

　　菲律賓社會和教育系統融合了多元文化背景，使學生有機會培養跨文化的理解和交流能力。這有助於他們更容易適應全球化社會。

2. 英語爲官方語言

　　菲律賓將英語作爲官方語言之一，這意味著學生在學習過程中能接觸到世界上最廣泛使用的語言之一，有助於提高他們的全球溝通和學習交流能力，增強國際競爭力。

3. 高品質的高等教育機構

菲律賓擁有多所聲譽良好且獲得國際認可的高等教育機構，提供廣泛的學術專業和課程，涵蓋多個領域和學科。這為學生提供了多樣的學習選擇和機會。

4. 重視家庭和社區

菲律賓文化強調家庭和社區的價值和重要性，這一價值觀在教育體系中得以體現。學校積極與家庭和社區緊密合作，鼓勵家長參與學生的學習和發展，促進學生全面成長。

5. 現代化的教學方法

菲律賓許多學校採用現代化的教學方法和技術，如線上學習、電子教材和多媒體課程等。這些方法和技術提升了學生的學習效果，使學習過程更加互動和有趣。在 2020 年 7 月，德拉薩爾大學（DLSU）採用了一種名為 Lasallians Remote and Engaged Approach for Connectivity in Higher Education（R. E. A. C. H）的替代教育模式，強調教職員工和學生參與的重要性，提供三種不同的交付模式：全面線上、混合和面對面。同時，阿特內奧·德·馬尼拉大學（ADMU）推出了適應性學習（ADL），結合了線上、混合和面對面交付方式，提供特別設計的課程。聖多馬大學（UST）透過 UST Cloud Campus 實施了一種豐富的虛擬模式（EVR），結合了線上和離線策略，促進學習的可訪問性和靈活性。最後，菲律賓大學系統轉向混合學習，並提供免費的線上學習課程，並提出了教育韌性和學習持續計畫（ERLCP），推動以學習者為中心的靈活學習選項，包括面對面、遠程學習和混合學習。（Joaquin, Biana, & Dacela, 2020；Altbach, & Wit, 2017；The Commission on Higher Education〔Philippines, 2020〕）。

這些優點有助於塑造菲律賓的教育體系，使其更具國際競爭力和適應性。透過充分利用這些優勢，菲律賓可以為學生提供更全面、高優質的教育，幫助他們全面地面對未來的挑戰和機會。

貳、教育體系多面挑戰

1. 資源不足

　　教育設施和設備（如教室、教科書、圖書館、實驗室等）的不足影響了學生的學習環境和資源利用。根據教育部的 K-12 課程就緒學校名單，全國 7,976 所公立高中學校中，不到一半，即 3,839 所，將實施高中課程。要畢業於高中，公立學校學生可能會被迫轉到私立學校或離家更遠的公立學校。這將意味著更高的學費和職業課程的設備，加上更高的交通費用。

2. 教師短缺

　　特別是在貧困地區，缺乏足夠的教師資源，導致教育品質下降。

3. 社會不平等和貧困

　　社會不平等和貧困對貧困兒童的教育機會和教育品質產生了負面影響。來自學生、教師和家長的申請，聲稱新的 K-12 教育計畫將惡化菲律賓家庭的經濟狀況，迫使數百萬人輟學。不幸的是，這種額外的經濟負擔也迫使數千甚至數百萬學生因為額外的教育費用而輟學。儘管這種教育發展有助於學生，但菲律賓的父母和家庭並不具備應對的能力。

4. 教育品質和效率問題

　　教育品質和效率存在問題，可能與教師培訓、教師經驗和資源不足等因素有關。

5. 科技應用不足

　　在教育中，科技應用的不足，限制了學生的學習成效，需要提高科技應用水準以改善教育。

　　這些挑戰需要認真對待並積極解決，以確保菲律賓的教育體系能夠為所有學生提供平等和優質的教育機會。（Laxa, 2019；Navarro & Miral, 2019；フィリピンの NPO 法人ソルト・パヤタス，2022）

參、教育提升綜合計畫

1. 推出倡議和計畫

為解決教育資源不足和教師短缺問題，菲律賓政府推出了一系列倡議和計畫。例如，K-12 課程改革旨在提供更全面的教育體驗，同時設立了經濟援助和獎學金計畫來支持貧困學生的學習。

2. 加強教師培訓和專業發展

為了提高教育人員的素質和技能水準，菲律賓教育界致力於加強教師培訓和專業發展。這包括提供持續的專業發展機會，以提高教師的專業知識和教學技能。

3. 改進教學方法和教育資源

菲律賓教育界積極致力於改進教學方法和提供更多的教育資源，並導入新技術。這包括開發和使用創新的教學方法，如適應性教學和合作學習，以及提供現代化的教育資源和設施，如多媒體教材和線上學習平臺。

這些方法的終極目標是提高教育的品質和效率，確保菲律賓學生獲得優質且全面的教育。（Lee, 2019；Pasaylo, 2020）這一系列舉措顯示政府和教育界對於解決教育問題有著堅定的承諾，並在不斷努力改進教育體系，以確保每位學生都能獲得良好的教育機會。

第三節　菲律賓的教育革新

壹、教育品質提升計畫

1. 提升學校的教學品質和學生的學術成就

菲律賓教育系統積極致力於提高學校的教學品質，以提升學生在學術上的成就。這包括改進教學方法、提供教學支持和培訓，以推動學生

的學術表現。

2. 提供更多技術教育和培訓

　　菲律賓教育界意識到現代科技對技術能力的需求，因此致力於提供更多技術教育和培訓機會，以確保學生具備應對科技挑戰的能力。

3. 改進課程設計

　　菲律賓教育改革的目標之一是改進課程設計，使其更具吸引力和實用性。這包括更新課程內容，使之與現實生活和職業需求相銜接。

4. 定期檢查課程大綱

　　為確保教學和評估相輔相成，菲律賓教育系統定期檢查課程大綱，以確保其有效培養學生所需的知識和技能。

5. 提供教師培訓

　　菲律賓教育改革強調教師培訓，為教師提供更優質的培訓機會，以提高他們的教學技術和能力。這有助於提升教學效果，增強教師在學生學習過程中的指導能力。

6. 提供創新指導培訓

　　菲律賓教育改革的重要舉措之一是為教師提供創新指導培訓。這有助於教師運用創新的教學方法和策略，提高教學效果。

7. 提供優質的教育資源

　　為了支持教學，菲律賓教育系統致力於提供優質的教育資源，包括教科書、教學材料和科技設備。這有助於創造良好的學習環境，促進學生的學習成果。（Ancho, 2019）

　　這些教育改革措施旨在提高菲律賓教育系統的整體品質和效能，確保學生獲得更優質的教育。透過持續的努力和改進，菲律賓致力於建立一個能夠培養學生全面發展的教育體系，使他們在學術、技術和品格方面都能夠取得成功。

貳、綜合教育發展計畫

1. K-12 教育改革

　　將學前教育、小學、中學和高中教育統一在一個課程框架中，以提供更全面的教育體驗。

2. 延長學生學習時間

　　增加學生的學習時間，以加強學術成就和學習效果。

3. 職業教育和技能培訓

　　增加職業教育和技能培訓課程，以滿足當地勞動力市場的需求。

4. 強調語言學習

　　強調英語和菲律賓語的學習，提高學生的語言能力和溝通能力。

5. 科技教育和數位學習

　　推動科技教育和數位學習，為學生提供更多技術技能和知識。

6. 教師專業發展

　　提升教師的專業水準，提供更多培訓和支持，以提高教學品質。

7. 改善教育設施和學習環境

　　投資改善教育設施和學習環境，提供更好的學習資源和設備。

　　此外，菲律賓正在努力轉變教學模式，從傳統的教師中心模式轉變為以學生為中心的教學模式，以提高學生的參與度和學習效果。政府也積極展開各種計畫，為貧困學生提供學費補貼、食品、健康和其他方面的支持，以確保所有學生都能享受到公平而優質的教育機會。這些教育改革措施旨在提升菲律賓教育體系的整體品質和效能，讓學生能夠獲得更好的教育。（Alegre, 2016；Darilay, 2019；Laxamana, 2019；Tanjuaquio, 2019；Santos, & Caro, 2018）

參、教育部（DepEd）與政府機構體系展開合作

1. 公共工程暨公路部（DPWH）

DPWH 負責根據雙方商定的建築規格和計畫，興建完善的學校建築和其他設施。這些設施由教育部透過一般年度預算（GAA）提供資金，轉交給 DPWH 進行施工。

2. 社會福利和發展部（DSWD）

DSWD 負責監管早期兒童發展和保育（ECCD）項目（0-4 歲）。DSWD 還管理條件現金轉移計畫（4Ps），其中包含一個教育組成部分。

3. 衛生部（DOH）

DOH 協助教育部開展學校衛生和營養計畫，確保學生的身體健康和飲食需求得到滿足。

4. 國家經濟發展局（NEDA）

NEDA 與教育部合作，共同制定菲律賓發展計畫的基礎教育部分，並提供協助監測與教育相關的可持續發展目標（SDG）計畫的進展。

5. 預算和管理局（DBM）

教育部與 DBM 合作進行預算規劃、管理和監督。多年來，DBM 和教育部經過審計委員會的同意，共同設計和建立了預算機制，以促進資金的使用和流通效率，其中包括直接發放系統，使得地方單位能夠更高效地獲取資金，無須透過中央管理機構。

6. 國家營養委員會（NNC）

NNC 提供有關兒童營養狀況的重要數據，這些數據對於規劃學校衛生和供餐計畫至關重要，確保學生獲得充分的營養。

7. 國家原住民族委員會（NCIP）

NCIP 提供與原住民族社群的信息和聯繫，其中許多社群位於 GIDA 地區，可能成為「最後一哩學校計畫」的受益對象。（TEACH-ERPH, 2014-2023）

　　這些合作機構的協調運作有助於綜合推進菲律賓的教育事業，涵蓋了基礎設施建設、兒童發展、衛生、預算管理以及原住民族社群的支持，從而促進了全面的教育發展和學生的綜合成長。

參考文獻

1. 全球視野看民族，編輯部，菲律賓的民除教育體制。2017年12月14日，取自網址：https://alcd-web.s3-ap-northeast-1.amazonaws.com/uploads/2017/12/14/2200ed0128334799604f016a1d7d362e.pdf。

2. 李可鈺，K-12教改是什麼？你不知道的菲律賓教育制度，金庫文教基金會。2023年3月25日，取自網址：https://kingcar.org.tw/achievement/501562。

3. 艾菲學菲律賓碩博留學，菲律賓留學一文帶你看懂菲律賓的高等教育體制。2021年12月11日，取自網址：https://kknews.cc/zh-tw/education/pjvql5j.html。

4. 居外網，菲律賓概況和教育制度。2017年8月15日，取自網址：https://read01.com/kEjg3gn.html#.ZBxbkXZByUk。

5. 背包客遊學，一次搞懂【菲律賓歷史】原來西班牙、美國、日本都曾經在菲律賓殖民過！2019年10月14日，取自網址：https://www.back-packer-studio.com.tw/tw/news/show.php?num=143。

6. 孫琦、羅金花，2015，〈學術發展狀況的分析〉，《人才市場》，26(9)，頁145-146。

7. 教育部國際及兩岸教育司，菲律賓學制手冊。教育部外國大學參考名冊。2024年3月15日，取自網址：https://ws.moe.edu.tw/001/Upload/7/relfile/8317/78029/2feff81a-cfaf-4f00-abc9-0a696f70e217.pdf。

8. 賴奕諭，菲律賓教改：「教育救國」究竟築起誰的夢？，聯合線上公司。2018年4月20日，取自網址：https://global.udn.com/global_vision/

story/8663/3080909。

9. Iwan Seyhu-living like a Filipina，2021年最新菲律賓教育學制。2024年3月15日，取自網址：https://jocelyn06235984.medium.com/。

10. ASIA to JAPAN（2023年12月28日）。長期就業が期待できるフィリピン人の日本語教育・就職事情とは？2024年3月15日，取自網址：https://asiatojapan.com/jgs/recruitment-employment-countries/philippines/philippines-japanese/。

11. Japan International Cooperation Agency，フィリピンの教育制度。2003年，取自網址：https://www.jica.go.jp/domestic/yokohama/information/topics/2023/__icsFiles/afieldfile/2023/07/31/philippines.pdf。

12. NPO法人DAREDEMO HERO（2023年1月17日）。アフターコロナ　フィリピンの教育事情。取自網址：https://daredemohero.com/40648/。

13. YOLO WORK，【フィリピンの大学ランキング2023】人気大学と就職事情を解説。2024年3月14日，取自網址：https://work.yolo-japan.co.jp/11622。

14. フィリピンのNPO法人ソルト・パヤタス，フィリピンの教育システムについて。2022年12月20日，取自網址：https://note.com/saltpay-atas/n/ndd3d35bdbb82。

15. 松浦勝翼，フィリピンの職業教育に関する調査研究～相関網による考察～。海外情報。2018年4月5日，取自網址：https://www.tetras.uitec.jeed.go.jp/files/data/201804/20180405/20180405.pdf。

16. Alave, K., 2018, Historical development of the Philippine education system. In Handbook of Comparative Education (pp. 1-14). Springer.

17. Alegre, A., 2016, K-12 Basic Education Program: One step closer to better education. Journal of Educational and Social Research, 6(4), 35-42.

18. Ancho, I. V., 2019, Quality Assurance and the Philippine Education System:

Inputs from Future Filipino School Leaders. Journal of Quality Assurance, 5 (2), 197-202.

19. Asian Development Bank., 2017, Philippines: Enhancing Teacher Education through Professional Standards and Licensure. https://www.adb.org/sites/default/files/publication/230631/philippines-enhancing-teacher-education-through-professional-standards.pdf.

20. BusinessMirror, K to 12: What Advantages and Disadvantages Has It Created? 2022.5.19, https://businessmirror.com.ph/2022/05/19/k-to-12-advantages-and-disadvantages/.

21. Castillo, M. A., Antiado, M. A., & Reblando, L. R., 2019, History of Philippine Education. In Handbook of Research on Curriculum Reform Initiatives in English Education, pp. 148-167, IGI Global.

22. Darilay, A. B., 2019, Developing 21st century teachers: Challenges and opportunities for teacher professional development in the Philippines. Philippine Journal of Education, 98(1), pp. 1-19.

23. De La Salle University. (n.d.). Graduate Admissions. Retrieved from https://www.dlsu.edu.ph/admissions/graduate/.

24. Fermin G. Castillo, Jr., Djonde F. Antiado, James Ryan P. Reblando, 2019, Philippine Education System: Are we Moving Forward? International Journal of Innovative Technology and Exploring Engineering (IJITEE). Volume-8, Issue-12S, October 2019. file:///F:/%E8%8F%B2%E5%BE%8B%E8%B3%93%E6%95%99%E8%82%B2/L119010812S19.pdf.

25. Gov.Ph., 2021, Department of Education, Republic of the Philippines. Senior high school. Retrieved from https://www.deped.gov.ph/k-to-12/senior-high-school/.

26. Joaquin, J.J.B., Biana, H. T., & Dacela, M. A. The Philippine Higher Education Sector in the Time of COVID-19. Frontiers. 2020.10.22, https://www.

菲律賓的教育制度

frontiersin.org/articles/10.3389/feduc.2020.576371/full.

27. K-12 Basic Education Program. (2012). Department of Education Philippines. Retrieved from: https://www.deped.gov.ph/k-to-12/about/k-to-12-basic-education-program/.

28. Lapuz, N. V. (2015). The State of the Philippine Education System and its Implications for the Future of Education in the Philippines. Asia Pacific Journal of Education, 35(3), 390-403.

29. Laxa, R. B. (2019). Philippine Basic Education: Facing the Challenges in the 21st Century. Asia Pacific Journal of Education, Arts and Sciences, 6(2), 1-8.

30. Laxamana, E. S. (2019). Technology integration in Philippine education: A review of policies, frameworks, and initiatives. Asia Pacific Journal of Multidisciplinary Research, 7(2), 119-127.

31. Lee, K. Y. (2019). Education in the Philippines: Challenges and Prospects. Journal of Education and Practice, 10(22), 106-112.

32. Lim, C. (2005). Public and Private Higher Education in the Philippines. Educational Research for Policy and Practice. 4(2): 117-130. doi:10.1007/s10671-005-4287-7.

33. Medina, I. B. (2001). Education in the Philippines during Japanese Occupation. Philippine Studies: Historical and Ethnographic Viewpoints, 49(1), 5-38.

34. Navarro, J. D., & Miral, M. P. (2019). Using Technology in the Philippines' K-12 Curriculum: A Teacher's Perspective. Journal of Educational Technology Development and Exchange, 12(1), 1-14.

35. Orosa, R. M. (1998). The Philippine educational system: History and modernization. Journal of Southeast Asian Education, 1(1), 45-68.

36. Pasaylo, R. (2020). Challenges and Opportunities in Philippine Education:

Insights from the ASEAN Region. International Journal of Instruction, 13(3), 1113-1130.

37. Santos, I. (2016). Addressing Quality Education Issues in the Philippines. International Journal of Educational Development, 49, 247-255. doi: 10.1016/j.ijedudev.2016.03.005.

38. Santos, A. C., & Caro, A. (2018). Education for all in the Philippines: The Pantawid Pamilyang Pilipino Program. In Education for all global monitoring report (pp. 1-23). UNESCO. Retrieved from: https://unesdoc.unesco.org/ark:/48223/pf0000261046.

39. Tanjuaquio, M. (2019). Skills development in the Philippines. Asian Development Bank. Retrieved from: https://www.adb.org/publications/skills-development-philippines.

40. Tan, M. A. (2014). Education in the Philippines during American rule. Philippine Studies: Historical and Ethnographic Viewpoints, 62(2), 223-249.

41. TEACHERPH (2014-2023). Overview of the Structure of the Education System in the Philippines. Retrieved from: https://www.teacherph.com/structure-education-system-philippines/.

42. UNESCO. (2015). Education in the Philippines. Retrieved from: http://uis.unesco.org/en/country/ph.

Chapter *3*

菲律賓的藝術與文化

許淑婷[*]

* 美國斯伯丁大學教育博士，現任環球科技大學通識教育中心副教授、環球科技大學圖書
資訊處圖資長。

第一節　菲律賓藝術文化與教育

壹、菲律賓藝術區分

　　菲律賓是個充滿神祕的異國風情國家，素有「千島之國」、「熱帶天堂」之美譽。人民生性上較為樂觀，性格相當的熱情。菲律賓地處於亞洲東端，有著近幾百年的歷史與悠久的文化傳統。菲律賓在西南太平洋的一個獨立共和國群島，於 1946 年時脫離美國，整個島嶼大約有七千個左右。菲律賓可說是馬來、西班牙、穆斯林三種文化的繼承與結合者，所以不論是在藝術、宗教、語言、文化及生活方式等等，不難發現都極大地影響菲律賓這個群島國家。

　　國家文化藝術委員會將菲律賓藝術分為傳統藝術和非傳統藝術，這些反映了對該國文化的各種藝術影響，包括了土著藝術。菲律賓的傳統藝術，包括占星術、雕刻、武術、陶瓷、裝飾品、民間建築、民間圖形、民間（口頭）文學、紡織藝術、造型藝術、民族醫學、海上運輸及其他傳統文化藝術形式。非傳統藝術，則包括了舞蹈、音樂、戲劇、插圖、繪畫、版畫、攝影、影像、圖形藝術、視覺藝術、裝置藝術及混合媒體作品等。

貳、菲律賓藝術發展

　　西班牙人在 1521 年來到菲律賓時，便是以藝術作為溝通橋梁，當時有部分舞蹈藝術也是帶有明顯的西班牙色彩，且早已和民族傳統融為一體；如南部的穆斯林與呂宋島北部的一些小島上，仍然還保留著土著的民間舞蹈及菲律賓的音樂。（黃鸝鸝，2008）六〇年代以來，除了音樂在發展上已深入菲律賓人的生活中，舞蹈也早已多年融入了菲律賓的社會及菲律賓的文化，如 Carinyoza、Pandango、Sabri 和 Tinikling 多種民間舞蹈的發展與貢獻。菲律賓在各地建立了許多專業和業餘的現代

舞和芭蕾舞蹈團體,當時舞蹈的發展亦受菲律賓的嘻哈音樂而影響。
(Hernandez, 2015)菲律賓在每個舞蹈的發展時期,從一開始的前殖民
地、西班牙殖民地、美國時期、現代與後現代到目前當代之觀點,之後
皆隨著文化的不斷發展,與時代的變化而變化。

菲律賓在非傳統音樂中的主要核心項目是作曲、舞臺和表演,故菲
律賓音樂早期是受到西方音樂與亞洲的影響,而西方音樂則是指美國和
西班牙音樂,如同菲律賓戲劇和戲劇表演一樣有著悠久歷史,也皆受到
西班牙文化的影響。(William Henry Scott, 1994)菲律賓有 90% 都是
信奉天主教,跟其他的國家大致相同,人們每個星期日都會到教堂做禮
拜、望彌撒及唱聖歌等等活動,故歐洲音樂也早已深入到菲律賓人每一
個細胞的生活中。

參、菲律賓藝術教育

西班牙對菲律賓實施了長達三百多年的殖民統治,之後再經過美
國近五十年的統治下,雖長期受西方文化與殖民主義統治的影響,但由
於民族、地理、歷史的關係,西方音樂也因此正式引入了學院制的教育
體制,故從 K-12 的藝術與音樂課程則列為教育改革,也置入課外活動
中,讓更多人可以直接參與並接觸,使得菲律賓的音樂藝術文化呈現出
十分獨特的一面。(詹姆斯・拉布拉朵爾,2017;黃鸝鸝,2008)菲律
賓的音樂教育既有學院制的教育體系,主要是為了培養學生的音樂能力
和激發學生對音樂的興趣,如西方樂器的演奏、音樂理論、發聲方法及
音樂形式等等,都深刻地影響菲律賓的音樂文化。

菲律賓均著重於藝術的表達、技能、價值與文化素養的藝術教育與
發展。音樂教育的改革與生活藝術的鋪陳,將日後成為二十一世紀學子
培養終身學習精神與精通各項技能與概念的教育。提供多元性特色的音
樂與藝術課程,主要也是希望學生能夠對菲律賓自己的藝術與文化傳統

認同,如同幾乎各種國內的教育課程中,將音樂與藝術的學科也已融入於教育課程之中。(教育部,2016;Atabug, 1996;Hornilla, 2015)教育家兼心理學家 Howard Gardner(1993)曾提過,藝術能在觀察與思考方面培養獨特的創造方式;另外藝術能讓人民能夠自由的表達,故可透過藝術課程,來培養學習者能得到多種智能,如語言、邏輯、空間、人際、肢體運作等方面智能。

第二節　菲律賓舞蹈藝術與文化

壹、菲律賓舞蹈的功能

菲律賓舞蹈受到民間藝術和西班牙傳統的影響。對於創造和重建菲律賓舞蹈形式的需求,對比西班牙人和美國人及東南亞和大陸亞洲的影響,在這些當代問題中,各種菲律賓人在舞蹈之間的聯繫與延伸亦在不斷增長。如想將村莊舞蹈帶入舞臺成為觀賞的新思維與不同的表演形式,讓這種的舞蹈表現形式即可達到人民生活的直接影響力,因西班牙舞蹈早已融入當代菲律賓舞蹈中。

菲律賓的舞蹈通常分為民族、地理化及社會功能,也包括了表演、編舞及舞臺表演。整個呈現往往與生活功能有所相關及區分。而這些的區分大多是從地理範圍來定位,到社交功能及舞蹈不同地區的影響力來作為區分。而所有的舞蹈功能也包括了模仿舞蹈、派對舞蹈、儀式舞蹈與生命週期舞蹈。菲律賓舞蹈不僅傳達動作的藝術性,而且常常與生活功能聯繫在一起,如婚禮、模仿鳥類,甚至與驅邪等儀式聯繫在一起。(資華筠,1997)

貳、菲律賓部落舞蹈

舞蹈本質也是一種儀式性的及成人儀式的舞蹈,它代表著社區的集

體傳說和歷史。（楊仲華、溫立偉，2003）菲律賓許多類型的舞蹈，包括部落、鄉村、穆斯林、科迪勒拉和西班牙風格的舞蹈，更傳達了菲律賓舞蹈在生活藝術中是最具有運動的藝術性。菲律賓島的島嶼有七千多個，並散布著不同的部落，而每個部落都有自己的傳統和舞蹈。菲律賓的部落舞蹈，包括馬加達的馬拉卡斯是一個民族民間舞蹈，耶拉是科迪勒拉地區最著名的舞蹈。而在部落中 Banga 舞蹈的部分，主要是展示女性的優雅與力量的呈現，而女性表演者在頭上則是頂著風鈴與罐子。Tachok 的舞蹈則是為慶祝快樂時光而舉行的表演，男性與女性表演者在 Salisid 舞蹈中，整個舞蹈演出是一種呈現求愛的舞蹈形式。

參、菲律賓傳統舞蹈

菲律賓群島上有許多特色的舞蹈，如西班牙語 Jota 跟異國情調的 Pangalay 與流行的 Tinikling 及 Lumagen 舞蹈。兩者舞蹈演出時，在音樂上的節拍與鑼相配，意味著象徵飛鳥。而 Tinikling 和 Binasuanuu 也是菲律賓本國中獨特的民間舞蹈，菲律賓人在 Tinikling 的舞蹈呈現，是由助手拿起兩根長竹棍，然後用快速地節奏為舞者們拍手，主要試圖避免讓他們的腳被夾在竹棍之間。（陳自明，2007）

在菲律賓的南部，有一種名為 Singkil 的舞蹈，是在炫耀奢華的穆斯林皇室的宮廷舞蹈，他是從在 Tinikling 中所發現的一種長竹竿舞蹈，舞者們則是利用四個竹棍以井字形所排列成的位置，舞者的表演，是可以嘗試圍繞中間跳一整圈，但須注意避開所有四根竹棍的撞擊，通常這種舞蹈的表演都是以團隊合作為表演的方式。這種竹竿舞的表演，被視為是菲律賓的傳統民族舞蹈，也是在菲律賓的穆斯林民間的一種重要音樂舞蹈形式。

竹竿舞的背景音樂，則是由一般庫林當樂器所呈現出來，整個演出的表現方式呈現出優雅感卻不失活潑性。在竹竿舞蹈的場景中，所有

竹竿動作在表演的動作設計中，皆會產生強烈的碰撞音響，而男女舞者
須在竹竿之間，挑戰變化多端的開合動作與來回穿梭的變化，所以不論
是女性舞者還是男性舞者，表演竹竿舞時，皆要有較好的節奏感與反應
力，方能勝任此舞蹈的特色。（孫波，2020）

肆、菲律賓舞蹈分四大類

一、鄉村舞蹈

　　菲律賓最有代表性的民間舞蹈有：鴨子舞、捕蝦舞、竹竿舞、長
凳舞、班當果舞、索畢利舞等。此民間舞蹈將本民族風格與外來風格融
爲一體，都具有濃厚的生活氣息，並表現出菲律賓人民的豪爽、樂觀及
熱情的性格，且大大深受人民的喜愛，並得到廣泛的推廣普及化於生活
中。

二、北部山區舞蹈

　　歌舞的活動在菲律賓的山區來說，是人們生活中不可缺少的組成
部分。而這種山區舞蹈，主要是在反映當時長期生活磨難的艱苦生活，
如在婚嫁、驅病、收割、種稻和喪葬活動中，皆有歌舞的相伴與相隨。
男性的舞蹈上表達是威嚴性的，而女性則呈現較含蓄且莊嚴於肢體的呈
現。在不同山區的部落中，信仰多神教，現在仍爲酋長部落，舞蹈主要
是將文化、宗教信仰的一致性表現出來，而在舞蹈動作上的表現則大同
小異。

三、穆斯林舞蹈

　　初期當地菲律賓人主要信仰的是伊斯蘭教，因此舞蹈亦受到伊斯蘭
文化的影響，並帶有著一股濃郁的宗教色彩，如代表劇目的作品爲《辛
吉爾》。《辛吉爾》是一種來自達蘭根聖歌的古老舞蹈，主要內容的表

演是在說明王子尋妃的經歷過程，由王族史詩所改編而成的，亦成為世界非物質遺產和國家文化的瑰寶。

　　整個舞蹈從表演者的面部看出表情莊嚴，但感情相當內蘊，顯示了伊斯蘭文化的神祕色彩一面，當地人也曾受印度文化的影響，而形成了馬來文化圈地區的文化。該地區的舞蹈如長甲舞、碧拉舞、昆套歐舞等。這些舞蹈在表演時特別著重於手指和手臂的動作，另外腳趾也會做出上翹的動作及下肢成屈膝樣；有時也還會向兩側出胯，在舞姿上呈現曲線形。

四、西班牙的舞蹈

　　西班牙舞蹈在肢體上的動作，較為開朗與奔放感，而主要的舞蹈有亞來舞、求愛舞、馬尼舞等。表演者在節奏上的呈現到整個舞姿的表達是較感為柔美與輕盈，而在服裝上，通常穿著菲律賓化的西班牙服裝及手持竹製響板為舞蹈道具。菲律賓還有其他一些不同種族的舞蹈與土著黑人宗教的舞蹈，馬來西亞除了民間的土風舞之外，在地區的文化也保留了宮廷舞蹈；就如同部分的非穆斯林教派人，在各地區也都保有他們自己的土風舞。（Reynaldo G. Alejandro, 1972）

第三節　菲律賓音樂藝術教育

壹、華文音樂教育的發展

　　菲律賓的華文音樂教育發展歷經百年，是華人尋求文化認同及提升族群的凝聚力為教育重要組成與手段。菲律賓馬尼拉進入二十一世紀以來，中華文化的國際認同不斷的提升，及眾多華人的大力推動下走向社會，紛紛參與華文音樂教育的發展。菲律賓日據時期，當地的華文音樂教育幾乎完全停滯，這種狀況一直持續至二戰結束後，臺灣當局的音

樂教育模式及內容才成為了菲律賓華文音樂教育的模仿及交流的對象；
而一些中文版本的菲律賓歌曲，也開始出現在華文音樂教育的課堂上。
（莊國土、陳華嶽等，2012；趙振祥、李嘯、侯培水，2015）

　　1973 至 1976 年，菲律賓頒布了外僑學校全面菲化的法令，當時要
求要去中國化，在華校不許設華文音樂課程。當時華校的所有設置權、
管理權及所有權全由菲律賓政府所控制，所有菲律賓華校已不見蹤影；
同時臺灣當局的控制力也逐漸減弱，連菲律賓華僑聯合會也被迫解散。
二十世紀七○年代以後，華文音樂教育的變化，幾乎是完全退出中小學
的教育，僅留存於幼兒園和家庭中。所以華文音樂教育的環境與社會
的共識下，可說是相當的艱辛與困難持續相當長的時間。（蔡昌卓，
2010）直至 1991 至今，菲律賓華文教育發展與社會的理念共識下，才
得到一個新的階段轉型，正式成立為華文教育研究中心。

　　成立華文教育研究中心的主要目的，是在培養具有中華文化素質的
菲律賓公民，也為華文音樂教育的演變與接受提供了新的契機。但新的
契機看似一片曙光，不會再受到菲律賓的發展與限制，然而卻由於菲律
賓政府再度的制約了一些相關政策，以至於華文音樂課程無法設置為正
規課程。原因在於，除了缺乏適應的教材和教學法外，音樂師資的極端
匱乏也是最大的因素，所以校園內音樂教育的傳承，大多用業餘課外活
動的方式來進行。（孫繼南，2007）

　　之後隨著菲律賓華人社團，不斷推展跟主動舉辦多項活動，如各種
比賽、傳播、節慶活動與音樂團體交流，皆成為推動華文音樂教育的重
要力量及對於菲華音樂教育重視的程度。目前菲律賓華人的社會已十分
普遍，提升了菲華音樂教育水準與音樂素養的提高，音樂文化在菲華社
會文化中的地位也逐漸提升。透過音樂的傳播力和感染力是相當大的影
響，建立平臺培養學生在德、智、體、群、美、禮、樂各方面的興趣，
華文音樂已經融入到華人的日常生活中，諸如此類的華社音樂活動，已
經成為華人社會文化教育的重要組成部分。（蔡昌卓，2010；趙振祥、

陳華岳、侯培水，2006）

貳、菲律賓的音樂教育

　　菲律賓是屬於東南亞地區的一個群島國家，人們位於中部呂宋島地勢低平地區及米沙雅群島。在信仰上人們大多信仰天主教，少數人則信仰基督新教，另外還有伊斯蘭教及當地的原始宗教，不管任何的宗教在菲律賓的社會上都形成一個和平相處的大熔爐。在菲律賓的幼稚園裡，也因有種族、宗教、語言及文化背景不同等等關係，但音樂就是每一天伴隨著菲律賓人。也許語言上的不通，會帶給孩子們上課時互相交流的障礙，但音樂是無國界的，音樂能作為與人溝通的橋梁、音樂活動中可以拉近距離，增加彼此情感上的交流，建立起信任和友誼，讓孩童消除陌生感並融入新的環境。

　　菲律賓人非常重視婚姻家庭，更重視孩子的教育，特別是菲律賓的音樂教育是多樣化教育，在日常的民間生活中，主要是由三方面的配合，家庭、社會、學校所形成的聯繫。從幼稚園開始的音樂教育，就占到整體教育的三分之一，故可看出家長、學校、社會上都非常支持，用音樂教育來薰陶並影響孩子們達到潛移默化於日常生活中。菲律賓非常重視音樂教育，所以到了小學的音樂教育階段，有些特別是在教會的學校，大多以宗教歌曲作為主要的傳達方式。而到了中學音樂教育的階段，不管是體育、美術、音樂都列為特別的課程，最後到了高等教育階段，音樂教育在大學的課程中十分普及，視為選修課，不強制學習，但人人都有機會接觸到音樂的教育薰陶。（戴維‧萊文森，2009；詹姆斯‧拉布拉朵爾，2017；賴奕諭，2018）

參、菲律賓的民間音樂

　　菲律賓從十六世紀開始，淪為歐洲西班牙人的殖民地長達三百多

年的時間，到後來十九世紀末時又開始處於美國的統治時期，一直到1946年時期，菲律賓國家才正式獨立。由於不同國家的文化背景，加上菲律賓在長期的殖民歷史中，所以對於民間風俗與民間音樂現象則產生了深刻的影響。將西方音樂與本土音樂相結合，逐漸地發展出具有菲律賓風格特色的民間音樂，因為菲律賓當地的民眾長期受西方殖民地影響，音樂環境下接觸和交流中吸收，同樣的得到了很多音樂方式與借鑒。

如在音樂方面，西方的華爾滋或華爾滋圓舞曲，常常出現在人們社交場合，一種常見的舞蹈娛樂方式；其次是西班牙以及歐美國家的西方歌曲和樂曲表演，多元文化等等的音樂形式，皆影響在菲律賓當地人們的日常生活，且相當廣泛的傳播於娛樂活動中。

菲律賓在本土文化中的歷史上，有著長久的古老風俗、民俗傳統及文化環境，而所沿襲下的菲律賓民間音樂，主要是保留在北方呂宋島及其附近的一些島嶼山區，而帶有穆斯林色彩的音樂主要分布在南方地區。菲律賓的民間音樂基礎則是產生最特別的現象，且值得人們去了解並多關注。（黃鸝鸝，2008；孫波，2020）菲律賓音樂受到傳統的民族音樂與西方音樂相結合，故形成了許多獨特的音樂風格。

從音樂風格上來看，菲律賓音樂有三個明顯的特點：

一、受西方音樂影響

呂宋島地區與平原地區，出現較多歐洲音樂、西方教會的音樂影子，如西班牙、美國的影響也十分明顯，因為早期菲律賓曾是外國殖民統治的政治文化地帶，所以菲律賓人們的生活中受到西方音樂的文化影響比較大及廣泛地流傳。

二、具伊斯蘭風格

南部地區的音樂具有鮮明的伊斯蘭風格，如菲律賓人們在一般的生活中，多數使用竹子做日常用品及將竹子製作成樂器或與一些舞蹈相關的道具，可說相當普遍，像是菲律賓的傳統舞蹈竹竿舞，表演時也是用竹子編製而成。

三、帶有太平洋地區特徵

呂宋島北部山區保留了較多民俗傳統及文化環境，所沿襲下的民間音樂，則帶有太平洋地區的特徵。因為菲律賓人很善於交際、能歌善舞，個性相當熱情開朗，位於山區的居民保留了較多傳統的生活方式；這裡的人們不論是祭祀、婚嫁與勞動等等活動，都喜歡以歌舞的抒情來傳達。（奧亞斯，2006；鄧勁夫，2004；黃鸝鸝，2008）

菲律賓人在家庭和社會間，都是非常支持並提供了相當多彩多姿的音樂活動，最常見的音樂活動，如居民的婚禮慶典與集會的慶祝。在慶典活動當中，主要又是以歌唱和演奏樂器，來展現他們的民間音樂風俗性與傳達，也正因為他們的山區民族深信自己的原始宗教，故在歌唱形式上，除了主要有集體性組合的表演之外，亦附和著領唱者的音樂歌調，使得兩者間呼應出山區民族中音樂的地方風格與特色。（俞人豪、陳自明，1995）

音樂對於菲律賓人來說，是生活上不可缺少的元素與動力，不同的殖民時期與文化交流，使得他們產生了深刻的影響，在民族的熱情與西方的浪漫中，構成了菲律賓音樂及音樂教育的獨特性。音樂全年不斷、藝術節不斷，如馬尼拉三、四月間的「燈節」，十一月的「基布音樂節」、流行音樂節及每年皆舉行國際性的「竹管風琴節」。他們的生活中真的是為節日而活，對所有的菲律賓人來說一點也不為過，加上歷史、宗教、民族等原因的不同組合，每個城市都舉辦著自己的週年慶、

公園音樂會、舞蹈慶典活動、宗教紀念日和各種節日，全融入到各種儀式與生活中一起進行。（孫波，2020）

肆、菲律賓傳統樂器

　　菲律賓的日常生活中，竹子已成為菲律賓人的生活道具，例如用竹子製作成樂器、汲水、蓋竹樓及竹筒燒米飯。菲律賓的竹製樂器有鼻笛、竹笛、竹琴、竹管、竹圈鼓、竹豎琴等。而其中最為特別的兩件竹製樂器是鼻笛和庫加皮（kudyapiq）。鼻笛的音量很小，是使用一個鼻孔吹氣來發音；而庫加皮在表演時用手指彈撥，它是兩根弦的木製彈撥樂器，兩根弦的功能是分開的：第一根弦是彈奏低音（drone），第二根弦是演奏旋律。（李秀琴，2005）除了主要的彈撥類樂器組合之外，樂隊中還常加入了鈸、鼓、木琴和三角鐵等等敲擊類樂器，主要是在音樂的節奏上較為鮮明及樂曲的旋律流暢度的表現方面，能獲得更豐富不同層次的音響效果，更達到菲律賓民族民間音樂的風格韻味。（陳自明，2007）

　　在樂器使用方面，菲律賓在北方山區的人們，最不可缺少的樂器品種，有常使用的鑼樂器與當地常見的竹類樂器。這些民間樂器如，竹鼻笛、竹口弦、搗擊筒、竹蜂音器及竹皮弦琴，以樂器的構造方式來看，北方山區民族中使用樂器有其共同之處，主要是在規格尺寸上皆有大小之區別。南部地區的音樂較常用的樂器有笛子、銅鑼、兩弦豎琴。而琵琶在菲律賓也算是南部民間的傳統樂器，樂器的演奏姿勢像彈吉他，音色則是尖銳。樂器本身可以彈撥或用拉方式來演奏，琴身瘦而長，主要的兩根弦，長度約有 1.3 公尺左右；另外在傳統舞蹈的伴奏音樂裡，經常使用平面鑼樂器的合奏，如生活中的節慶、婚禮、部落締結、房屋落成等。（俞人豪、陳自明，1995；王耀華，2006；孫波，2020）

一、鑼樂器

這種樂器是屬於銅金屬材質，在演奏上聲音特別響亮，在當地的人們如舉行結婚喜慶、籌備蓋新房，或於新居落成時的剪綵活動中，都會使用鑼樂器合奏的表演形式，來表達慶賀之意於各種節慶的風俗活動中。

二、竹鼻笛

樂器本身在笛身的頂部位置，其上方有音孔設置，是屬於一種有吹口孔的管狀樂器。竹鼻笛它非常適合於演奏抒情性的樂曲及表達愛情方面與內容的闡述，相當有獨特之處，特別是在樂器的音色表演上呈現相當的柔和。表演時的樂器，是將吹口的孔置於自己的一個鼻孔處進行吹奏，演奏者以斜向的方式與雙手持笛。

三、竹口弦

主要是採用薄竹片材質，竹片中製成簧舌，主要是居民們在表演時所使用的。表演時將樂器置於口部，透過左手穩住樂器，而使用右手彈撥樂器的頂部，以使簧舌振動發出聲音，同時配合口腔共鳴和呼吸氣流的變化，更能演奏出動聽的樂聲。

四、搗擊筒

在當地的竹類樂器來說，它是一種較為容易製作的樂器，而它的外型其實只是一種普通的竹筒，有粗細長短各種不同的規格樣式。樂器演奏的方式，本身可以作為獨奏或是可多人成組的表演方式。

五、竹蜂音器

　　樂器本身的形狀是由一節竹子製成，製作時在竹管上會挑選一定的長度，然後將它製成兩片相向的長竹舌。演奏時，表演者的右手會持樂器，並敲擊左手來振動竹舌所發出的聲音，右手的手指在透過控制樂器上的指孔，同時進行開與合演奏，聲音上的效果會產生不同的細微變化。

六、竹皮弦琴

　　又叫竹筒琴，一般製作的方式是先選取一段兩端都有竹節的竹筒，然後選擇在竹筒表面挑起幾條青色外皮，最後再放置琴碼於下方兩側的尾端作弦而成。樂器在演奏的方式上，通常是使用手指撥奏，產生不同的音高，但聲音的效果卻都非常清晰透亮。

　　音樂是一種極富魔力的藝術形式，所扮演的是一個生活中不可或缺的角色。菲律賓因受到殖民地的多元文化背景之影響及社會文化的變遷，故民間音樂呈現出多樣的音樂風格面貌；加上菲律賓各種樂器的不同所呈現的各歷史、文化與用途，卻都能在旋律上提供情感的表達和共鳴。音樂不僅僅是一種聲音，更跨足了語言和文化的力量在生活中作為一種文化現象，更能反映出一個地方的風土人情。而樂器本身具有獨特的能力及不同的音樂風格，所呈現的音樂與色彩，更能觸動我們的心靈、情感和靈魂。

參考文獻

1. 王耀華，2006，《世界民族音樂概論》，上海：上海音樂出版社。
2. 李秀琴，2005，〈菲律賓音樂：傳統、變遷與再生〉，《關渡音樂學刊》，2，頁167-196，國立臺北藝術大學音樂學院。

3. 俞人豪、陳自明，1995，《東方音樂文化》，頁153，人民音樂出版社。

4. 孫繼南，2007，《黎錦暉與黎派音樂》，上海：上海音樂學院出版社。

5. 孫波，2020，〈菲律賓多元文化背景下的民間音樂探析〉，《音樂生活》，7。

6. 陳自明，2007，《世界名族音樂地圖》，頁97，人民音樂出版社。

7. 莊國土、陳華嶽等，2012，《菲律賓華人通史》，廈門：廈門大學出版社。

8. 資華筠，1997，《舞蹈藝術欣賞》，山西教育出版社。

9. 黃鸝鸝，2008，〈談菲律賓的音樂及音樂教育〉，《廣西青年幹部學院學報》，*1(18)*。

10. 趙振祥、李嘯、侯培水，2015，〈菲華報刊與華文音樂教育的發展——基於菲律賓《世界日報》的報導內客分析〉，《西南民族大學學報（人文社科版）》，5，頁154-158。

11. 趙振祥、陳華岳、侯培水，2006，《菲律賓華文報史稿》，北京：世界知識出版社。

12. 蔡昌卓，2010，《東盟華文教育》，桂林：廣西師範大學出版社。

13. 詹姆斯・拉布拉朵爾，2017，〈菲律賓K-12教育制度音樂藝術課程初探〉，《國際藝術教育學刊》。

14. 楊仲華、溫立偉等，2003，《舞蹈藝術教育》，人民出版社。

15. 戴維・萊文森；葛公尚、于紅譯，2009，〈世界各國的族群〉，頁458，中央民族大學出版社。

16. 鄧勁夫，2004，《東盟十國概覽》。南寧：廣西教育出版社。

17. 奧亞斯，2006，《百福地旅遊指南～菲律賓》，北京：當代世界出版社。

18. 賴奕諭，2018，《菲律賓教改：「教育救國」究竟築起誰的夢？》，

聯合線上公司。

19. Atabug, A., 1996, Readings in music education. Manila: University of Santo Tomas.

20. Burz, H. L., & Marshal, K., 1999, Performance-based curriculum for music and the visual arts: From knowing to showing. NY: Sage Publishing.

21. Gardner, H., 1993, Multiple intelligences. New York: Basic Books.

22. Hernandez, E., 2015, The Spanish colonial tradition in Philippine visual arts. Retrieved from National Commission for Culture and the Arts: http://ncca.gov.ph/subcommissions/subcommission- on-the-arts-sca/ visual-arts/ the-spanish-colonial-tradition-in-philippine-visual-arts/.

23. Labrador, J., 2016, Review of the policies and practices in the implementation of the K to 12 music curriculum. Malay, 28(2), 45-56.

24. Reynaldo G. Alejandro, 1972, Sayaw silangan; the dance in the Philippines: Dance Perspectives Foundation, New York.

25. William Henry Scott, 1994, Barangay: Sixteenth Century Philippine Culture and Society. Quezon City: Ateneo de Manila University Press.

第二篇

經濟與貿易

Chapter 4

菲律賓經濟發展的現況與未來展望

許文志[*]

[*] 日本明治大學經濟學博士，現任環球科技大學創辦人、環球科技大學中小企業經營策略
管理研究所講座教授、中華民國全國商業總會首席經濟顧問。

　　菲律賓於 1946 年 7 月 4 日獨立，國土面積 32 萬 8,000 平方公里，約臺灣的 9 倍多；現有人口數 1 億 116,692 人（2023 年 2 月），約臺灣的 5 倍。人均國民所得 3,623 美元（2022 年）。

　　憲政制度實施總統制，由人民直接選舉正副總統，任期六年不得連任，總統為國家元首，行政首長及三軍統帥，內閣部會首長由總統任命。

　　現任總統小馬可仕（Ferdinand Romualdez Marcos Jr.）於 2022 年 6 月 30 日就任菲國第十七屆總統，其政權延續前任總統羅德里哥‧杜特蒂（Rodrigo Duterte）的經濟基礎建設計畫，推動交通升級基礎建設、重啟核電計畫、降低因受疫情（COVID-19）影響的微型中小企業租稅、開放採礦產業，以促進工業及經濟發展。

　　菲國雖以農漁業為經濟基礎，但礦產豐富，估計銅蘊藏量居世界第四位、鎳居第五位、黃金第三位、鐵礦則居第六位，將來發展工業基材豐厚。現今，服務業發展產值占 GDP 61.5%，超越工業製造產業產值的 14.17%。相較東協（ASEAN）各國，製造業不算發達，另因缺乏上游供應鏈與產業聚落，製造業所需的零組件、半成品多仰賴外國進口。2021 年經濟成長 5.5%。菲國中央銀行（BSP）設定 2022-2023 年通膨率 2-4% 目標。預估平均消費者物價年增率分別為 5.40-4.10%。

　　本章以菲國經濟發展和 COVID-19 疫情發生後的影響及其未來展望為重點加以分析，並自 2016 年的前總統杜特蒂年代至 2022 年起小馬可仕總統年代的經濟發展為論述核心。

第一節　前總統杜特蒂（Rodrigo Duterte）政權時代的重要經貿政策

壹、改革稅務及獎勵措施

菲國參眾兩院於 2012 年 2 月 3 日通過菲國政府的《企業復甦及稅務優惠法案》（CREATE），前總統杜特蒂於同年 3 月 26 日簽准，4 月 1 日生效。追溯自 2020 年 7 月，將菲國在東南亞各國最高企業所得稅（CIT）稅率 30%，立即降至 20-25%，並精簡稅務獎勵措施，帶動投資及就業。CREATE 新稅務改革法，將大型企業之 CIT 調降至 25%，微型中小企業 CIT 由 30% 降至 20%，調降稅率促使企業受惠於現金流動增加，以支應疫情後重建經濟。

其次，CREATE 新法提供更明確優惠措施，包括 4-7 年免稅優惠期（ITH），出口企業可享 10 年企業特別所得稅（SCIT）5%，或擴大稅額抵減。國內企業可享 5 年擴大稅額抵減，吸引更多外資投入，激勵國內企業產品增加出口。

貳、前總統杜特蒂政府執政下的經濟變化

菲律賓在前總統杜特蒂政府（2016-2022 年）領導執政下，國內生產毛額（GDP）平均維持 6.4% 的高成長。並且推動脫貧，持續減少貧窮人口，縮短貧富差距。然因 2020 年疫情，重挫菲國經濟，讓貧窮人口又增加 270 萬人，因受疫禍重傷，經濟成長倒退 9.52%，創菲國 36 年來最重慘況。

在菲國整體基礎建設上，可分三方面分析前總統杜特蒂政府的核心政策與經濟發展：

一、基礎建設的創建

　　杜特蒂政府執行 BBB（Build、Build、Build）基礎建設計畫。本項計畫被全民認為是前總統杜特蒂政府最核心的經建計畫，目的在透過基礎建設的創建、創設、創立的建造與升級，建立永續經營發展基礎建設的經濟政策。總計投入 8 兆披索（約 1,647 億美元），以及設定 75 個巨型項目以及 32 萬個基礎建設分項。因其總統 6 年任期內只實施 4 年，時間太短，在創造經濟實質貢獻上，仍然不如預期。

二、強化經濟基礎實力

　　前總統杜特蒂政府在健康、醫療、教育政策上，全力推動升級普及。特別在健康與醫療上，仿效臺灣建立全民健保機制，從 2012 年的預算 172 億美元增加至 2029 年的 607 億美元，預算逐年增加，落實全民健康醫療之平等與普及化。又在 Republic Act 10931 法案實施下，前總統杜特蒂政府更強力推動全民安全與生活品質改善，其中最受矚目的掃毒，維護人民的健康和安全，創造顯著成效。雖然人權組織指責政策措施不透明，為民主與人權付出代價。但，成功塑造了良好的菲國國際形象。

三、激勵經貿發展

　　菲國政府向來在公部門處理經貿手續繁瑣，效率不彰，成為企業家投資創業發展經濟的絆腳石，使外資投入卻步。杜特蒂政府發揮強大的改革手段，強力通過「Anti-Red Tape Act」法案，大大減少創業、開業與營業的障礙，加速政府公部門效率，激勵經貿發展，然而在外人經商便利上尚需改善。

第二節　COVID-19對菲律賓經濟發展的影響

壹、菲律賓政府針對COVID-19採取的對策

　　自 2019 年末至 2022 年 1 月止。菲國最高感染人數每天達 3 萬人，政府實施強力預防接種，充分提供醫療資源，發揮防疫功能。限制人民移動，嚴控外人入國，並放寬經濟活動，使疫情趨緩和。至 2022 年降至每天 2,000 人。累計至 2022 年 9 月 15 日感染人數約 390 萬人，死亡人數約 6 萬人。

　　菲律賓是世界各國最早於 2020 年 3 月中旬，實施對感染地域採取管制人民移動措施。將感染者強制隔離，每天約 3,000-4,000 人，特別是與 2021 年 3 月馬尼拉首都圈感染人數增加擴大，實施出入國管制，尤其對外人一律禁制入境，因疫情高峰期感染人數每天超過 1 萬人。2021 年 7 月變種疫情感染擴大，政府嚴控人民移動，同年 11 月以後好不容易控制感染人數降至每天 1,000 人以內。2022 年初以後，因管控生效，感染人數驟減，大幅度放寬國內行動管制及外人入國隔離措施。3月以後，馬尼拉首都圈大幅放寬行動管制，來自世界各國入國者，如已完成接種者都不需再隔離。

　　菲律賓從美國、中國、英國、俄羅斯等國進口疫苗，首先提供醫護人員、高齡者、長期慢性病患者接種。至 2021 年 10 月馬尼拉首都圈人民接種率超過 80%，但有些離島地區接種率不到 20%，都市與偏鄉之間的醫療服務差距拉大。

　　政府為因應疫情，又要搶救經濟，在疫情擴大與回復景氣之間，只好管控疫情回復經濟活動正常化，擴大內需支持經濟成長。又因通膨加速，物價高漲，消費意欲減退，經濟活動趨緩，對政府壓力增高。因此，自 2020 年起，政府採取三階段防疫措施與經濟活動並行，防止疫情惡化，為搶救經濟採取下列措施：

1. 2020 年 3 月政府提供 3,000 億元披索的現金，補助低所得者及中小企業從業人員。

2. 2020 年 8 月政府再提供 1,650 億元披索的現金，補助觀光及交通專業從業人員、協助特別失業者就業，擴充雇用醫護人員。

3. 2021 年 6 月政府再度發給全國人民，每人 2,000 披索現金，共 4,000 億披索。對被強制管控地區的居民給予現金及濟助物資。

依據亞洲開發銀行（ADB）公布，至 2021 年 11 月止，菲律賓對 COVID-19 防疫財政支出提供金額，總計達 360 億美元。

同時與東協（ASEAN）各國比較，印尼提供 1,153 億美元，泰國提供 1,058 億美元，都採取大規模紓困經濟政策與財政行動措施，菲律賓和其他鄰近國家印尼、泰國比較，略顯不足。

貳、景氣回復現況

2020 年因疫情擴大，帶來經濟成長滯緩，以及大型颱風登陸的天然災害影響，經濟成長（GDP）與前年相比之下，大幅減退 9.5%。然後 2021 年 GDP 反轉升至 5.7%，2022 年 GDP 回升至 7.6%。

菲律賓國家開發廳發表，菲國經濟回復到疫情前水準，民間消費回復正常化，又因內需回復，帶來進口增加。

而實質的民間消費，2020 年與前年比較，反轉為負成長。因菲律賓政府繼續採取嚴格移動管控。2021 年因接種推行順利，放寬移動管控，消費成長 7-8%。消費者對景氣悲觀稍微轉變較為樂觀。據菲律賓中央銀行調查結論，疫情管控放寬，就業增加，薪資提升是消費者最高的期待，也是增加消費者消費的關鍵。促使經濟活動正常化，降低通膨，引導消費者增加消費意欲，促進經濟成長。

一、在生產製造業方面

2020 年強力管控經濟活動，防控疫情降至 70%，一直降到 40%，11 月因大型颱風登陸，馬尼拉首都圈郊外大規模洪水氾濫，製造業困境加大。2021 年政府採取防疫與經濟生產並進並行措施，製造業重回成長 70%，製造業指數提升，促進世界經濟活力，以及內需回復後力道。

另外，俄烏戰爭危機帶來貿易停滯和物價高漲，輸入價格上升的重壓，造成企業活動低落，加上通膨上升，大大影響製造業的活力。

二、在失業率方面

因疫情感染擴大，嚴格管控行動帶來景氣更加惡化。2020 年上半年失業率達 17.6%，比前年更為嚴重。雖然 10-12 月失業率降至 8.7%，但感染人數增加，政府繼續加強管控行動。2021 年失業率降至 6.6%。馬尼拉首都圈行動和外人入國管控放寬，失業率降至 5%。菲律賓就業率約 66%。從事服務業占 58.9%，農業占 24%，工業占 17.1%。2022 年失業率為 5.4%，2023 年平均降為 4.3%。

今後期待放寬行動限制，促進飲食業、觀光業回復景氣，加強改善雇用環境是經濟發展最大關鍵。

三、進出口狀況

菲律賓的國際貿易，受全球疫情擴大的影響，2020 年 3 月以後貿易大幅衰退，2021 年以後世界經濟和內需回復，帶來進出口持續擴大，與前年同比，增加 6.2%，進口超越出口。農林產品，價格上升也大量出口，進口增加 31.4%，因世界經濟回復和受俄烏戰爭危機，帶來糧食和能源價格上升，是進口增加的重要因素。

四、菲律賓經貿基本資料

本節是以東協（ASEAN）各國比較其他各國經貿動力，及其發展現況（2022-2023 年）爲主。從表 1 基本資料說明，菲律賓目前是東協各國經貿發展途中的優等生。

表 1　菲律賓經貿主要動力

國內生產毛額	3,891 億美元（2022 年）
經濟成長率	7.6%（2022 年）
工業成長率	6.7%（2022 年）
失業率	4.3%（2022 年）
消費者物價指數	5.8%（2022 年）
幣制	菲律賓披索（PHP）。1美元＝55.1（PHP），2023年3月。
外債	1,079.1 億美元（2022 年）
進口值	1,371.6 億美元（成長 17.3%，2022 年）
出口值	788.4 億美元（成長 5.6%，2022 年）

資料來源：中華民國駐菲律賓代表處經濟組，國際貿易局統計，2022。

五、菲律賓主要進出口產品

表 2 在進出口產品項目，可見菲律賓除電子產業之外，都屬傳統產業、產值較低之進出口產品。

表 2　菲律賓主要進出口產品占比

主要進口項目	電子產品（23.9%）、礦物燃料、潤滑劑與相關材料（17.3%）、運輸設備（8%）、工業機械與設備（4.3%）、鋼鐵（4.2%）、其他食品與牲畜（3.8%）、穀物及穀物製品（3.3%）、雜項製品（2.8%）、通訊設備與電機（2.6%），以及初級與非初級形式之塑料（2.3%）

主要出口項目	電子產品（56.9%）、其他礦產品（4.9%）、其他製成品（4.8%）、飛機船舶使用之點火線組（3%）、機械及運輸設備（2.9%）、椰子油（2.7%）、精銅之陰極及陰極截面（2.4%）、化學品（2.2%）、金屬零件（1.5%），以及電子設備及零件（1.4%）

資料來源：中華民國駐菲律賓代表處經濟組，國際貿易局統計，2022。

六、菲律賓貿易進口國產品占比

表 3 在說明菲律賓進口國家除中國及越南為共產社會主義經貿以外，美國、日本、德國、荷蘭、印尼、泰國、新加坡、馬來西亞、臺灣等都是自由民主資本主義國家。臺灣僅占 5%，尚有努力的空間。

表3　菲律賓貿易進口國家

國別	進口占比
中國（含香港）	20.6%
印尼	9.6%
日本	9%
韓國	9%
美國	6.5%
新加坡	5.3%
泰國	5.3%
臺灣	5%
馬來西亞	4.7%
德國	4.1%
荷蘭	3.7%
越南	3.3%

資料來源：中華民國駐菲律賓代表處經濟組，國際貿易局統計，2022。

七、菲律賓貿易出口國產品占比

表 4 可見中、美、日三國占比共達 57.0%。菲律賓經貿發展，中、美、日三強可靠，所以菲律賓政治外交三強平衡，不敢完全對抗中國。

表 4　菲律賓貿易出口國產品占比

國家別	出口占比
中國（含香港）	27.2%
美國	15.7%
日本	14.1%
新加坡	6.2%
泰國	4.3%
韓國	4%
臺灣	3.8%
荷蘭	3.7%
德國	3.5%

資料來源：中華民國駐菲律賓代表處經濟組，國際貿易局統計，2022。

八、國際收支

菲國因疫情影響造成國際收支赤字，2020 年後經濟活動貿易收支赤字漸縮小，內需回復，促進輸入增加造成貿易赤字惡化，經常性收支 69 億美元（占 GDP1.8%）的赤字。因俄烏戰爭危機帶來能源和原材料價格高漲，貿易赤字繼續增加，經常性收支赤字達 25 億美元。菲國債務占國內生產毛額（GDP）2021 年 63.7%，2022 年 61.8%。

另外，菲國在國外的勞動者，因中東情勢不穩，強制命令回國以及疫情擴大影響，原在國外勞動者，回國人數增加。因此，導致每年在國外移工，從海外匯回母國的外匯金額比 2020 年前大量減少，與往年同

比成為負成長。

2021 世界景氣稍回復，針對歐美入國者放寬管控。因而從歐美匯回菲律賓的外匯金額增加，超越 2019 年疫情前的水準，直到 2022 年增幅與前年比增加 4.4%，至今仍然持續回復增加中。

菲國是世界上最大的移民人口來源之一，如今隨著菲國國內經濟發展，就業機會成長，現在人口外移已減到 -1.0% 以下。但，依據菲律賓統計局針對菲律賓人到海外工作者的調查，截止 2021 年，到國外工作的菲律賓海外移工（Overseas Filipino Workers, OFWs）人數估計為 183 萬人，男女比約為 4：6。其中女性占 64.8%，從初級職工從事家務、飯店及其他清潔工；其次是服務和銷售人員占 17.1%。在外移工匯回菲國的現金和食物，支持他們在菲國家人的需求；2022 年匯回 361 億美元的現金回母國。

菲律賓央行（BSP）於今年（2024）2 月 15 日公布統計資料。去年（2023）菲國海外移工（OFWs）匯回國內金額，12 月達 36 億美元，全年達 372 億美元，雙雙創下歷史新高。

BSP 表示 OFW 匯款分別占菲國國內生產毛額（GDP）及國民總收入（GNI）達 8.5 及 7.7%。主要來源為美國（40.9%）、新加坡（7.1%）、沙烏地阿拉伯（6.1%）、日本（5%）、英國（4.7%）、阿聯酋（4.3%）、加拿大（3.6%）、卡達（2.8%）、臺灣（2.7%）及韓國（2.5%）。美國為最大來源係因為國外許多城市將資金透過在美國之代理銀行代轉。

九、金融收支

2021 年的金融收支：證券投資自 2018 年外資流出超越流入，轉成擴大直接投資的外資流入，外資流入總額達 69 億美元，連續 5 年外資流入超越流出。但，對內直接投資，因受疫情影響與前年比減少 20%。2021 年政府降低法人稅及改革稅制透明化，增加外資投入擴大對國內

直接投資，國內企業也減少對外投資。2022年中央銀行改善投資環境，對內投資增加到110億美元（與前年比增加4%）。

十、物價與金融政策

2020年因疫情影響景氣低迷，物價上升，消費轉弱。但都在中央銀行管控通膨目標的2-4%範圍內來回移動。

2021年世界經濟稍微回復，帶來原油和糧食價格上升，通膨率重回到4.5%。

2022年2月因俄烏之戰，造成原油和糧食價格上升，通膨加速在8月達4.3%，為4年來最高。物價上升，加重國民生活壓力。政府特別對駕駛人員補助燃料費，以及給予低所得者現金補助。今後預估，物價續漲，消費減退，恐將加大經濟成長阻力。

中央銀行為減輕疫情對經濟的影響，自2020年起，分5次降息，最低降至2%，是以往所沒有的利率政策，一直維持低利率至2022年4月，因烏俄戰爭危機，通膨急升，中央銀行5-6月又提升0.25%金融利率，7月也又緊急提升0.75%的利率措施。中央銀行提升利率是因持續通膨擴大，為菲律賓經濟好轉大幅升息並無損經濟成長，尤其8月中央銀行金融政策會議決定，金融利率提升至3.75%，著重在今後物價有可能持續上升。

十一、財政與公債餘額

菲律賓財政年度（自1-12月），2021年一般財政收支GDP與前年8.6%比降至7.6%，財政繼續惡化。尤其，補助失業者雇用現金支出增加，至2022年度預算因擴大健康管理、教育投資及加強基礎建設等，歲出總額達5兆240億披索，與前年度（4兆6,760億披索）比增加10%。因歲入增加，經濟成長增加。GDP至2022年升至7.6%，比疫情發生前的2019年比稍有改善。（表5）

表 5　菲律賓經濟成長（GDP）2016-2023 年表

年分	經濟成長率
2016	7.15%
2017	6.93%
2018	6.34%
2019	6.12%
2020	-9.52%
2021	5.70%
2022	7.6%
2023	5.6%

註：統計前總統杜特蒂政權時代 2016 年起至現任總統小馬可仕政權時代 2023 年，
　　現在菲律賓平均國民所得 3,623 美元（2022 年），菲律賓披索（PH）55 元 =1
　　美元（2022 年）。

資料來源：IMF-World Economic Outlook (WEO) Database (2022.10)。

　　公債餘額與疫情前 GDP 比占 40%，前後還算穩定。2020 年以後政府為彌補財政赤字，發行國債和從國際金融機構增加貸入，至 2021 年財政惡化赤字達 60.4%，2022 年惡化赤字達 63.5%。因此，政府採取至 2028 年中期財政政策（2022-2028 Medium-Term Fiscal Framework）。設定至 2025 年公債餘額減至占 GDP60% 以下為目標。2022 年 7 月，東協＋中、日、韓三國（ASEAN＋3）總體經濟研究室（AMRO）估計公債餘額 GDP 占比至 2023 將上升 64.6% 後，可能會稍微降低。菲國財政課稅和所得稅稅務優惠措施，包括 4 至 7 年免稅假期（ITH）出口可享 10 年特別企業所得稅率（SCIT）5%，及擴大稅額抵減以及國內企業可享 5 年擴大稅額抵減、擴大附加價值稅等財政重大計畫，預期可以吸引更多外資進駐並刺激國內企業出口。預估菲國至 2025 年度公債餘額可能降至占 GDP 比的 55.4%。

十二、在金融制度的穩定性方面

銀行貸出餘額因受疫情影響管控經濟活動，帶來資金市場衰退。2020 年與前年比降至負成長，2021 年家庭貸出導向低迷，企業導向加緊景氣回復和放寬管控的金融政策。致使 2022 年家庭導向與前年比為負成長。全體銀行貸出餘額與前年比加速成長至 8.7% 水準。

十三、在不良債權方面

因疫情惡化帶來債務者，循環資金惡化，至 2022 年中央銀行以下銀行不良債權大為上升。至 2021 年不良債權比率一度惡化到 4.5%，爾後疫情稍緩，經濟正常化，不良債權比率稍微降低，至 2022 年改善為 3.6%，但與疫情前水準比大為上升。持續增加呆帳，帶來金融機構資金緊縮的危機，必須注意未來發展狀況。

各銀行於 2020 年以後，呆帳持續增加，政府不得不針對資金緊縮危機採取對策。因 2022 年不良債權累計率高達 99.2%，又回到疫情發生前水準；中央銀行對小額融資銀行和農村銀行的最低流動比率降低，將金融機構困難導向措施延長至 2022 年底，政府全力維持金融部門的穩定，採取將銀行不良債權轉移給不良資金管理公司。2022 年 4 月制定《金融機關戰略移控法》（FIST），創設 6 家金融戰略移轉法人公司（FISTCS），加速處理不良債權。FISTCS 處理不良債權轉移管理有效期間 2 年，期間除了免除不良債權讓渡的附加價值稅外，並減輕有關讓渡手續費和土地登記費用金額等優惠措施。

十四、面臨當前，預測未來

未來要回復經濟活動正常化，放寬外國人入國管控，促使民間消費能夠持續擴大。在通膨率上升期間，盤整家庭及民間企業需要，促進經濟持續成長。

雖然，新型疫情擴大，加強接種防治，控制重病危險。今後，一方面要防止疫情擴散；另一方面，同時要回復經濟活動正常化，兼籌並顧，方能對經濟成長有利。因此，菲國政府開發預算委員會（DBCC）考慮到糧食和能源受俄烏戰爭影響，修正 GDP 成長率預測未來可能在 7-7.5% 之間。實際上高通膨和金融緊縮，帶來消費和投資意願的減退，又加上美國調升利率，帶來新興國家外資外流，同時菲國與中國貿易減退，造成出口不振，形成經濟成長重壓，未來需要密切注意其發展動向。

2023 年 8 月菲律賓已經從疫後走進經濟活動正常化。今後，在內需飲食業、觀光旅遊業景氣回復，改善就業環境，企業生產活力再現，提升民間消費活力，預估強韌的經濟成長，不會止息。惟因高通膨及全球利率上升而放緩。

俄烏之戰何時休？帶來國際經貿危機，菲國也不例外，原物料、燃料、糧食資源價格高漲，影響消費者對景氣回復的信心。因此，菲國長期努力育成國內產業，創造就業，提高國民所得，發展觀光。

2022 年 6 月 30 日上場的小馬可仕新政權，強調延續前任總統杜特蒂政策的路線，全面加強基礎建設，誘導外資直接投入的經濟政策。新政權內閣屬於堅強的財經團隊型，以豐富的執政經驗，高科技數位發展技術官僚團隊，獲得企業界好評。今後的課題在落實政策的執行力，政風清廉，全面掃毒，加強實施健康管理醫療保健制度，充實醫療設備，提升教育水準，改善環保衛生，改善居住環境，提升生活品質等，在在都是小馬可仕政權展現實力的機會，全民期待的重心。

前任總統杜特蒂政權弱化了監督政府體制的最高法院和人權委員會的權力，是否會受到小馬可仕總統的尊重，在新政府施政法案，立法過程再度發揮強力監督功能，部分人民依然對小馬可仕先父老馬可仕前總統時代貪汙的劣評和小馬可仕總統新政府施政是否重蹈其父貪汙老路施政品質的惡弱疑慮？未來有待觀察。

第三節　小馬可仕（Ferdinand Romualdez Marcos Jr.）總統政權時代的重要經濟政策

壹、小馬可仕政府的謀略

菲律賓於 2022 年 5 月 9 日舉行第十七屆總統大選，小馬可仕獲得 58.7% 高得票率的壓倒性勝利，小馬可仕是前總統老馬可仕的長子，其父在 1960 年代執政菲國 20 年，因獨裁貪汙被迫下臺流亡美國，其歷史上惡名受到嚴苛批評。而小馬可仕歷任州長、參眾兩院議員，他的選舉團隊善用媒體擴大廣告空戰成功，獲得年輕世代和基層民眾支持，善於運用政治謀略，結合杜特蒂前總統政治家族的力量，搭配杜特蒂女兒莎拉・杜特蒂同時競選副總統的優勢，兩大政治世家聯盟因而獲勝。

貳、財經科技內閣展現戰略

小馬可仕在競選總統期間，採取不參加任何對手公開性的政見發表會，閃避備受攻擊的自行獨立移動式演說，其政策主張和具體政見，並未全套系統化，僅就其競選演說中再三強調將延續前總統杜特蒂的政經路線前進，全力推動全民脫貧和國家的基礎建設。

其內閣成員由多數具有經驗豐富的財經科技官僚組成，展現堅強落實政策的能力，屬於財經科技型戰略團隊，目前獲得財經企業界的好評。

以下，就小馬可仕總統於 2022 年 6 月 30 日就任後，任用內閣閣員的政經理念和施政作為，分析其治國團隊和政策說明。

1. 財政部長

由前中央銀行總裁特歐克奴出任，他在疫情擴大期間，大力發揮金融力量，支持經濟發展的主張，增進經濟成長和金融規律有效運作，促使金融穩定。2022 年曾獲英國金融專家獎。

2. 經濟部長

柏利沙抗，2012-2016 年曾任國家經濟開發部長，是農業經濟和開發經濟的專家學者，曾任菲律賓大學 30 年的經濟學系主任的資深教授，主張擴大經濟投資，加強國家基礎建設，擴大醫療和教育投資，全力推動全民脫貧。

3. 貿易產業部長

柏士可阿奴，曾任菲律賓全國企業經營協會理事長，菲國 SM 大財團董事長，主張擴大誘導外資投入，增強產業國際競爭力。

4. 外交部長

馬奈可，曾任駐比利時、英國、聯合國大使、外交部次長，主張外交中立，對美、中外交不選邊站。

5. 教育部長

莎拉・杜特蒂副總統兼任，主張擴大投資教育及醫療健康管理和設備。

6. 農業部長

由小馬可仕總統兼任，主張農業現代化、科技化、自動化，使農民脫貧。

7. 公共事業交通部長

杜咸斯，前 SMC 的 CEO，曾任交通部次長及代理部長，主張全面加強國家基礎建設，擴大國際網路資訊交流。

就以上小馬可仕政府內閣組成七大部人選及其政策主張，施政執行力相乘綜效，展望菲國未來政經發展。現經民間企業調查結果顯示，小馬可仕財經科技戰略內閣是經歷任總統任命官僚較受好評的團隊。尤其，菲國在東協（ASEAN）十國中，不像緬甸、泰國、柬埔寨等經常受軍人政變、軍人干政控制的新興國家。菲律賓的民主政治之路，如能全力發展經濟，提升全民醫療、衛生、教育水準，改善生活環境，提高生活品質，就是亞洲民主、經濟優質發展國家之一，期待將來成爲事

實，是菲民之福。

當今，菲律賓獲得國際上形象向上的好評。新政權延續前總統杜特蒂經濟路線連續性，小馬可仕的政權陣營獲得國會支持，使各項重要法案順利實施。但，菲律賓現今因政黨弱化，立法過程效率不彰，應是政府今後施政運作必須特別重視之處。

參、小馬可仕總統政府施政重點

現在概括延續前總統杜特蒂政策前進：

1. 內政：全面加強基礎建設，全民脫貧。

2. 外交：維持中立，圓融和平與中、美外交關係，實際偏向美國。

3. 經濟：抑制通膨，回復觀光，開放經濟，放寬外資管制，吸引外資直接投入國內，促進官民企業合作，活用民間資金發展經貿。

茲將小馬可仕總統在選前與選後施政期間發表的政策重點摘要彙整，詳見表6。

表6　小馬可仕選前與選後發表政策要點

政策	重點內容
內政	1. 加強取締麻藥毒品。 2. 全面推行健康管理教育。 3. 充實醫療機構設備。 4. 支持醫療研究發展。 5. 提高醫護人員待遇。 6. 管控疫情擴大，強制預防接種。 7. 放寬經濟活動，回復經濟景氣。 8. 支持國民赴海外勞動工作者。 9. 於2025年前完成興建100萬戶社會住宅。
外交	1. 維持中立、圓融、和平的中、美、日外交關係（實際國防偏向美國，經濟偏向中、日）。 2. 對南海國土主權寸土不讓，有意願經由談判解決。 3. 照顧菲國赴海外勞動工作者。

政策	重點內容
經濟	1. 加強官民合作開發國家經濟及基礎建設。 2. 加強數位發展。 3. 引進核能發電及小規模型核能發電。 4. 誘導高科技產業及戰略產業外資來菲投資。 5. 放寬外資投資管制，全面設立經濟特區。 6. 安定電力與開發新能源並進。 7. 加強開發農業現代化發展，優惠從事農業者購買農地由政府補助。 8. 抑制通膨，發展觀光。

　　以上表列資源來源，作者參考菲律賓、日本、中國大陸、臺灣媒體報導彙整，疏漏難免，尚請各界指教。

　　小馬可仕總統為加強擴大國家基礎建設，吸引外資直接投入菲國發展經濟，創造國內更多就業機會，政府採取發展經濟為國家最優先政策。菲國國內產業雇用人員尚未完成全民就業機會。所以，依賴國民赴海外勞動的工作從業者，匯回薪資所得提供家人生活費，並吸引外資來菲國投資，創造國內就業機會，減少窮困，進而脫貧，提升國民所得是國家長期的經濟政策。為降低前總統杜特蒂時代，吸引外資投入國家基礎建設的限制阻力，小馬可仕總統大力提倡實施前總統杜特蒂已推動大規模的「Build、Build、Build」基礎建設計畫，創建、創設、創立三創國基戰略基礎建設，預定投入總金額 8 兆披索（PHP）約 1.4545 兆美元，占國家 GDP 比 5.7%。與前艾奎諾總統政權時代（2010-2016 年）平均占 GDP 比 3%。再與前杜特蒂總統政權時代（2016-2022 年）占國家 GDP 比 6.4%，小馬可仕政府結合民間力量，活用官民合作（PPP）投資國家基礎建設，期待達成經濟成長 GDP5-6% 為目標。

　　前任總統杜特地推動「Build Build Build」基礎建設計畫，在 10 年內投入 1,800 億美元，全面改善基礎建設，促進經濟成長。小馬可仕總統「杜規馬隨」，加強該計畫之落實，更名為「Build Better More」許

多大型公共建設都持續進行中，並推動以公私協力夥伴關係（PPP）方式，讓更多民間企業投入合作國家的基礎建設，成效良好。

菲國政府自 2000 年起，推動稅制改革二十年來，至 2021 年 4 月前總統杜特蒂實施《企業復興稅優惠法案》（REATE），改善公司法人各種課稅優惠政策方才產生良好效果。大企業法人公司所得稅從 30%降至 25%，降幅與東協（ASEAN）各國相比之下，毫不遜色。

小馬可仕政權於 2022 年 6 月實施「策略投資優惠計畫（LSIPP）」，優惠課稅對象以數位發展產業和健康管理產業為核心，放寬外資投入的限制，吸引海外直接投資為指標。小馬可仕總統強調全面引進外資設立經濟特區和優惠稅制。開發基礎建設，確保開發財源和健全財政平衡發展經濟的政策。

因應菲國人口增加，經濟成長更需增加住宅。至 2025 年前要興建 100 萬戶社會住宅目標。因之，小馬可仕政府為抑制房價上升，採取以下三項措施。

1. 抑制通膨，減緩不動產價格上升，促使房價平穩，不分區域下降房價。

2. 提升銀行融資利率，抑制房價，促使住宅需求與價格平衡。

3. 大量增建社會住宅，普遍抑制房價，提升中產階級購屋能力。

2023 年菲國經濟成長 5.6%。今後，數年內物流和倉儲相關之不動產業將跟著大幅成長；因不動產市場活力是菲國國內收益最高產業之一，可大量創造更多就業機會。又因不動產投資信託（REIT）2022 年股息高達 6.75%，多數投資者獲利受惠。2023 年物流 REIT 產業計畫大興土木增建為公用樓房，回復不動產買氣，是經濟成長一大動力。也帶來證券股票指數（PSEI）升至 7,800 點，未受通膨影響，內需與消費都增加，景氣逐漸回復到 COVID-19 疫情前的市況。

同時，菲國政府大力著手改善就業環境，增加就業機會，提高所得，消費為之增加。如零售業、製造業、飲食、住宿、觀光等服務業等

菲律賓經濟發展的現況與未來展望

雇用機會增加。內需擴大，企業生產活動增多，企業景氣回復。加上2022 年 7 月菲國政府發給每戶家用現金 4,000 元披索，促進內需消費能力。2023 年中央銀行升息，抑制通膨，減少消費壓力，是菲國經濟成長驅動力，期待全面回復景氣的一大因素。

由國家經濟開發廳、財政部、預算管理部和中央銀行總裁組成的機構等跨部會成立的「菲律賓政府的戰略開發計畫」DBCC（2023-2028年），期待加速經濟成長達到 6.5-8.0% 的目標。

本項國家開發戰略目的在促進農業及其相關產業的現代化、振興工業化，服務業再活化。中長期預算 2023 年投入 3.7 兆披索，至 2028 年預計達到投入 6.5 兆披索。

就菲國經濟成長現況分析，將其產業別列表比較它的占比。（表7）例如國內電動汽車（EV）銷量 2022 年比 2021 年成長 33.8% 最高。

表 7　菲國經濟成長與產業別分析表

產業別	成長占比
農林水產業	2.2%
礦產業	5.8%
服務業	9.1%
住宿、飲食	40.6%
運輸倉儲	24.3%
旅遊觀光業人數增加	4.1 倍之多

資料來源：フイリピンの經濟成長の推移，2022-2023，作者譯。

以上產業成長主要原因為菲國政府放寬入國管控，國內實施教學當面授課，放寬國內人民活動管制，促進人民消費活動，促成 2022 年經濟高度成長 7.6%，創菲國 47 年新高。在東南亞各國高經濟成長的國家中，菲國排名第二。特別在公共基礎建設方面，現在可見到持續加速

發展中。雖然受俄烏戰爭原材料和糧價上升影響的危機，高通膨、高物價、高利率，使消費者和企業界信賴指數下降。但，在政府財政大力支持公共基礎建設的管控風險下。從中長期觀察菲國經濟發展的潛力，未來除有極端氣候、天災地變災害難料之外，經濟成長穩定持續發展不致有太大變動。

肆、小馬可仕政府經濟政策具體目標

小馬可仕總統於 2022 年 12 月實施 2023-2028「年菲律賓發展計畫」（PDP），該計畫目的在促進菲國經濟及社會轉型，以創造就業並加速脫貧，使菲國經濟重回加速成長的軌道。其發展經濟政策具體目標於下：

1. 維持高經濟成長率

2023 年 GDP 成長 5.6%，2024 至 2028 年預估每年經濟成長目標為 6.58%。

2. 持續推動創新

提升菲國在全球創新指數（Global Innovation Index）的名次，持續推動創新。2021 年菲國在 132 個國家（含地區）中，排名第 59 為基期，2023 年升至第 58 名；2024 年升至第 54 名；2025 年升至第 52 名；2026 年升至第 46 名；2028 年升至第 43 名。

3. 提升全球競爭力指數（Global Competitiveness Index, GCI）

在世界經濟論壇（World Economic Forum）競爭率指數在前 33%，相較於 2019 年菲律賓全球排名在 45%，有顯著提升。

4. 創造高品質的就業機會

2023 年菲律賓失業率 6.2%，2024 年估 4.4-4.7%；2025 年估 4.8-5.1%；2026 年至 2028 年估每年 4-5%。2028 年前，期待民營企業有薪給從業人數能占總就業人數比率的 53-55%。

5. 降低貧窮率

將 2021 年的 18.1% 降至 2023 年 16-16.4%；2025 年降至 12.9-13.2%；2027 年降至 10-10.3%；2028 年降至 8.8-9%。

6. 提高人均國民所得

菲國 2023 年人均國民所得毛額（GNI per capita）3,640 美元為基準，提高人均國民所得毛額在 2028 年前達 6,044 美元至 6,571 美元。

7. 確保財政健全

期盼 2024 年將財政赤字占全年 GDP 比率降至 5.1% 目標；2025 年降至 4.1%；2026 年降至 3.5%；2027 年降至 3.2%，2028 年降至 3%。

8. 降低政府負債餘額

2022 年政府負債餘額占 GDP 比率 63.7%，至 2028 年底前降低至 48-53%。

9. 維持物價穩定

2022 年食品價格通膨率為 5.7%，2023 年食品及整體物價通膨率為 4.1%，2024 至 2028 年每年控制在 2-4%。

上述各項小馬可仕總統政權重要經貿政策的「菲律賓發展計畫」（PDP）實施期限，以其總統任期（2022-2028 年）設計，作為 6 年任期內施政的重要經貿政策。就該計畫內容而論，確具有遠大目標和政策方向。就實際面言，就看小馬可仕總統領航的內閣團隊落實政策，實施步驟及其執行力。3-5 年間，則可見證其實現的政績。尤其，將來在全民和國會的支持力道強弱，尚待全方位觀察。

第四節　菲律賓經濟發展與引進外資策略

壹、菲國與各國簽署自由貿易協定（FTA）現況

1. 菲國─日本經濟夥伴協定（Philippines-Japan Economic Partnership Agreement），2008 年 12 月 11 日生效。

2. 東南亞國家協會（Association of Southeast Asian Nations）創始會員國，《東協憲章》2008 年 12 月 15 日生效。

3. 東協自由貿易區（AFTA）、東協─紐澳、東協─中國、東協─日本、東協─韓國，1993 年 1 月 1 日生效。

4. 菲國─歐洲自由貿易協會 EFTA（Philippines-European Free Trade Association Free Trade Agreement），2018 年 6 月 1 日生效。

5. 區域全面經濟夥伴協定（Regional Comprehensive Economic Partnership, RCEP），2022 年 1 月 1 日生效。

貳、小馬可仕總統引進外資

小馬可仕總統於 2022 年 6 月 30 日就任後，為發展菲國經濟，展現活力，全球到處奔波，爭取美國、中國、歐洲、日本、澳洲、紐西蘭、西班牙等國家引進外資投入菲國。

1. 2023 年 1 月 5 日訪問中國，與中國簽訂 230 億美元，14 項雙邊協議經濟合作。其中，137.6 億美元用於再生能源太陽能和風能發展。73 億美元用於戰略監測（包括電動汽車和礦產開發加工）。17 億美元用於農業現代化綜合經營。

2. 菲律賓於 2022 年 11 月 18 日與日本日立公司簽訂菲國南北通勤鐵路（NSCR）工程建設。日立鐵路公司得標的馬尼拉─布拉幹線的電器和機械系統及軌道工程合約。總金額 131.3 億披索，外加 3.619 億歐元、1.538 億美元和 78.9 億日圓，總計 466 億披索。

　　馬尼拉—布拉鐵路從菲國南呂宋卡蘭巴到中呂宋克拉克，長達 163 公里，NSCR 城市軌道交通系統的一部分，由日本國際協會機構（JICA）和亞洲開發銀行共同投資。日立鐵路機構扮演「全面集成全球鐵路解決方案供應商；涵蓋機車、車輛、信號、營運、服務和維護、數位技術和交通網路解決方案」，作為潛在車輛供應商。

　　另據菲國開發局數據，鐵路全長 38 公里的 Malolos-tutuban 路段，預估建設成本為 1,491.3 億披索，每天可運送 20 萬人乘客，全路時程約 35 分鐘，本工程將於 2024 年完工。具承包單位的日本國際協會機構表示，NSCR 鐵路完成後將加強菲國交通暢通，為馬尼拉大都會周邊省分不斷的需求提供服務。日本將成為菲國鐵路建設第一大投資國，從 2023 年投資菲國鐵路基礎建設的第二大建商，逐漸成為承建菲國鐵路的第一大國。

參、深化與澳洲、紐西蘭經貿合作關係

　　菲國貿易和工業部與東協、澳洲和紐西蘭自由貿易區（AANZFTA）協議更新，將加速菲國中小企業（MSME）的成長，升級實質談判，積極建立高品質的自由貿易協定（FTA）新里程碑，增強中小企業的貿易，與區域經濟持續發展，納入全球產業價值鏈，促使 AANZFTA 在廣大的區域經濟發展內的企業受益。

　　這項協議將加速產業供應鏈整合和彈性，確保任何危機期間必需品的順暢流通，加強服務和投資自由化。並支持電子商務和數位化轉型，AANZFTA 是第一個涉及東協、澳洲和紐西蘭區域經貿協定模式。2021 年澳洲是菲律賓第十四大投資國，總投資額 6.6432 億披索。紐西蘭是菲律賓第二十八大貿易伙伴國，貿易總值 26.4 億披索。

　　2023 年開始，小馬可仕總統更積極針對紐、澳深化經濟發展，加強經貿合作關係。

肆、菲國與西班牙經貿關係

菲、西兩國歷史淵源深厚，菲律賓天主教徒占總人口數的 79.5%，是西班牙經貿的優先市場。尤其是工業、貿易和旅遊、交通、水資源、新能源都是兩國間工商貿易合作要項，兩國間的雙邊自由貿易協定，透過歐盟（EU）達成交流，創造財富、增加就業機會和鞏固兩國間的經濟基礎。

菲國 2022 年實施「策略投資優先計畫」逐步擺脫長期依賴內需市場及本土保護主義的「壁壘」。

菲國 2023 年起開放外資限制，鼓勵外國人有持股權利，吸引更多外資投入。同時修訂《公共服務法》，准許配電、輸電、石油和石油產品管道傳輸系統、供水管道分配系統和汙水廢水管道系統、海港和公共事業車輛服務，有效將菲國內航運、鐵路和捷運、航空公司、高速公路、收費公路和運輸網路車輛服務等，從「公共事業」分類中刪除。現今，外資全部都可以投資菲國，並持有股權利益，不受限制。

伍、臺菲雙邊經貿關係（表8）

菲律賓為發展經濟，吸引外資，特別修訂《零售自由法》。准許外資投入零售貿易服務業的權利，每家公司資本額限 2,500 萬披索（50 萬美元），如增設一家以上實體分店，則每家分店資本額至少 1,000 萬披索（20 萬美元）。因此，吸引愈來愈多外資進入菲國創新事業，創造高品質的投資機會。

其次，並修訂 1991 年制訂的《外國投資法》。准許外國人僅以 10 萬美元最低資本額投資微型及小型國內市場企業（DME），規定最少要僱用 50 名菲國人員工，改訂為直接僱用至少 15 名菲國人員工，始可核准設立。但，現今大部分微小型外資公司員工多數是菲律賓人。

表 8　臺菲雙邊經貿關係

我國出口值	2023 年我國出口至菲國 50.64 億美元（較上期衰退 33.72%） 2022 年我國出口至菲國 76.39 億美元（較上期成長 25.78%） 2021 年我出口至菲國 60.74 億美元（較上期成長 7.57%） 2020 年我國出口至菲國 56.46 億美元（較上期衰退 -8.29%） 2019 年我國出口至菲國 61.34 億美元（較上期衰退 -31.41%）
我國進口值	2023 年我國自菲國進口 23.46 億美元（較上期衰退 23.85%） 2022 年我國自菲國進口 30.81 億美元（較上期成長 2.76%） 2021 年我自菲國進口 29.97 億美元（較上期成長 41.02%） 2020 年我自菲國進口 21.25 億美元（較上期衰退 0.507%） 2019 年我自菲國進口 21.13 億美元（較上期衰退 -15.26%）
雙邊貿易總值	2023 年臺菲貿易總額 74.10 億美元（較上期衰退 30.89%） 2022 年臺菲貿易總額 107.20 億美元（較上期成長 18.17%） 2021 年臺菲貿易總額 90.71 億美元（較上期成長 16.72%） 2020 年臺菲貿易總額 77.71 億美元（較上期衰退 -6%） 2019 年臺菲貿易總額 82.47 億美元（較上期衰退 -27.9%）
主要出口項目 （4 位碼）	積體電路（8542）；原油以外之石油及提自瀝青礦物之油類（2710）；示波器、頻譜分析儀及其他供計量或檢查電量之儀器及器具（9030）；印刷電路（8543）；熱軋之鐵或非合金鋼扁軋製品（7208）；電子零組件（8473）；二極體、電晶體及類似半導體裝置（8542）；苯乙烯（3903）；電子工業用化學品（3818）；蓄電池（8507）（2023 年）。
主要進口項目 （4 位碼）	積體電路（8542）；自動資料處理機及其附屬單元之零附件（8471）；二極體、電晶體及類似半導體裝置（8541）；電子零件（8471）；固態非揮發性儲存裝置（8523）；銅廢料及碎屑（7404）；靜電是變流器（8504）；示波器（9030）；銅箔（7410）；電動機及發電機（8501）（2023 年）。
我對菲國投資	268 件，24.75 億美元（1952 年至 2023 年） （依據經濟部投資審議委員會資料，核備我對外投資）
菲國對我投資	485 件，12.14 億美元（1952 年至 2023 年） （依據經濟部投資審議委員會資料，核准非華僑及外國人來臺投資）

重要官方會議	臺菲部長級經濟合作會議（第 28 屆於 2022 年 10 月 24 日於臺北舉行） 臺菲部長級經濟合作會議（第 29 屆於 2023 年 11 月 23 日至 24 日於菲律賓馬尼拉舉行）
重要民間會議	臺菲經濟聯席會議（第 26 屆於 2020 年 11 月 12 日採線上方式舉行）
雙邊經貿協定	1. 臺菲關務合作備忘錄（1992.1.27） 2. 臺菲科技合作協定（1994.10.29） 3. 臺菲貨品暫准通關證協定執行議定書（尚未開辦）（2001.7.13） 4. 臺菲避免雙重課稅暨防杜逃稅協定（尚未正式實施）（2002.5.29） 5. 臺菲關務互助協定（2004.5.7） 6. 農漁業合作了解備忘錄（2005.9.30） 7. 臺菲經濟走廊了解備忘錄（2005.12.6） 8. 臺菲銀行監理合作備忘錄（2007.1.31） 9. 臺菲智慧財產合作了解備忘錄（2007.11.16） 10. 臺菲標準化及符合性評估領域合作了解備忘錄（2009.2.12） 11. 跨境資訊交換計畫備忘錄（2009.2.12） 12. 工業技術合作備忘錄（2009.2.12） 13. 行政院農業委員會臺灣農業試驗所與國際稻米研究所合作了解備忘錄（2009.2.12） 14. 「臺菲電子產證（ECO）跨境交換合作意向書」、「臺菲雙邊產品驗證相互承認合作意向書」、「中小企業發展合作意向書」、「臺菲產業科技化服務合作意向書」、「製鞋教育訓練合作意向書」（2012.8.17） 15. 「臺菲貿易促進合作意向書」、「科技化服務合作意向書補充文件」（2013.11.8） 16. 臺菲促進貿易暨投資了解備忘錄（2014.10.24） 17. 增強經濟走廊了解備忘錄、臺菲電子商務廠商合作備忘錄（2015.12.4） 18. 地熱能源合作備忘錄（2016.10.28） 19. 臺菲中央存款保險公司合作了解備忘錄（2017.1.27） 20. 臺菲投資保障與促進協定（2017.12.7 簽署，2018.3.1 生效） 21. 臺菲雙邊保險監理合作備忘錄（2017.12.7） 22. 臺菲工業產品符合性評鑑相互承認協議（2017.12.7） 23. 臺菲微中小企業發展合作了解備忘錄（2019.10.31）

24. 新版臺菲智慧財產合作了解備忘錄（2020.10.19）
25. 臺菲科技及產業技術合作了解備忘錄（2020.12.11）
26. 增強經濟走廊了解備忘錄更新簽署（2022.1.21）
27. 臺菲金屬科技及技術合作了解備忘錄（2022.7.11）更新日期：2024.2.7
28. 臺菲存款保險合作了解備忘記錄（2024.1.24）

資料來源：中華民國駐菲律賓代表處經濟組、國際貿易局貿易統計，2024。

陸、臺商投資菲國的優勢

臺商投資東協（ASEAN）諸國產業，從早期製鞋、紡織、食品及鋼鐵等傳統產業，至今 20 年餘，投資產業別已升級為資通訊產業。現在臺、日、韓企業南向，大多較優先選擇泰國、越南、印尼、馬來西亞。臺灣如能與中國大陸建立共同市場，和平共榮共享，大可加強對菲律賓開拓新市場、新經貿。具體如：

一、電動車（EV）零組件

臺灣電動車零件出口到菲律賓的利潤可期。因菲國於 2023 年 1 月 19 日公布小馬可仕總統簽署的第 12 號行政命令，調降電動車的最惠國（MFN）關稅為 0%，為期 5 年。電動車零組件關稅由原來的 5% 降至 1%。所以，對臺灣電動車零組件製造業是強項新產業，開拓菲國的新市場，臺商可以發揮的空間廣大，利潤可期。

二、電子產業

特別是其中的家電用品，如大同公司家電產品可以和日本家電品牌在菲律賓市場平起平坐、毫不遜色。而臺灣家電產品比日製產品便宜耐用。

三、機車產業

目前菲國機車製造業刻正蓬勃發展，日本的本田（Honda）憑藉其本地製造的輕型機車，在菲國市場大獲成功，自 2021 年起開始出口至紐西蘭。臺灣的光陽機車 KYMCO 品牌，也在菲國本地銷售，進入大排氣量的利基市場。

四、食品產業

菲國人口 1 億 1,160 萬，人均所的 3,623 美元，直接增加食品飲料產品消費需求，吸引可口可樂、百事可樂、雀巢等廠商積極擴廠生產。來自臺灣的迷客夏和都可的珍珠奶茶等飲品都受到當地消費者喜愛。

可見菲國食品市場商機大，需要各項原物料、添加物及加工技術設備，臺商可從優勢產品切入市場，開拓包裝、原物料和食品添加物的商機。

在菲國臺商創業的「二嫂 ERSAO」更是切入菲國口味的牛肉麵、鹹酥雞、珍珠奶茶等市場，其肉羹麵、水餃、滷味亦廣受歡迎，多項產品亦進入零售通路。其他如鼎泰豐、鹿港小鎮（Lukang cafe）、田媽（Tien ma）、士林（Shi-lin）、日出（Chatime）等臺灣餐飲名店，亦滲透力強，廣受當地華僑和民眾的喜愛。

五、現代化農業

臺菲農業合作發展空間大。小馬可仕總統暫時兼任農業部長，為確保糧食供應充足，重視現代化農業發展；但，發展無方，其生產技術不如我國，臺商可就農、林、漁、牧產業，選擇有利產品項目在菲國合作投資，如：水耕蔬菜、箱網養魚等產業開拓市場。尤其，菲國勞力資源充足，工資較臺灣低廉。由於屬英語系教育普及國家，技術工人較易培訓，臺菲合作培訓發展現代化農業人才，成功率很高。例如：菲國所

盛產的椰子適合發展油脂化工業（Oleochemicals）的天然原料，臺商企業可運用當地資源，在菲國合作培訓人才，共同生產相關的衍生產品。如：供清潔、去汙、潤滑或殺菌等使用的化工品；創新、研發、環境保護、開發綠色新能源；農業科技化、農業自動化。

　　菲律賓農地便宜，但不准外資購地。因水利灌溉系統技術不足，主要糧食、稻米尚需進口，菲國至今仍是全球最大稻米進口國之一。臺灣水利灌溉系統和稻米生產技術都是世界一流的優勢，可以和當地農民合作增產稻米、玉米、木薯、椰子肉等原料，設立飼料加工廠，直接出售予當地豬、雞及漁業飼養產業者。椰子汁飲料除銷售東南亞各國外，也可以反銷臺灣市場利潤豐富，一舉兩得。

六、中小企及中小企業信用保證基金制度

　　2023 年 1 月 23 日菲律賓貿工部（DTI），調整產業發展政策，將前杜特蒂總統政府時期制定之「包容性創新產業策略（IOS）」調整為六項策略行動，其首要項目為發展創新型中小企業及新創企業。但，研究其內容，並無具體實施條文法令或創新技術研發，更缺少融資信用之保障制度等。未來菲國要創新中小企業，目前只有口號，不知如何行動。如能引用「中華民國中小企業發展條例和中小企業信用保證基金」制度為範本，發展菲國創新型中小企業及新創企業，必能水到渠成。臺灣的中小企業是創造臺灣經濟奇蹟推手，現在與世界中小企業王國——日本的中小企業同受全球認同與肯定。菲國可借鏡臺灣中小企業做菲國研發創新轉型升級科技型創新企業。

七、增加誘因互惠互利

　　臺灣雇用外國移工，以越南、印尼、泰國最多，而菲律賓移工最少。菲國重視外國移工每年匯回菲國外匯，2023 年匯回 361 億美元，

對菲國貧困家庭改善生活水準效用極大。因此，臺灣應主動增加雇用菲國移工，彌補臺灣人工缺口，如：雇用菲國護理人員（英語系護理人才，日本引用多年，效果良好），臺灣如能比照日本，主動增加菲國移工（含護理人才）可解決當前臺灣醫療系統大量欠缺的護理人員，互惠互利，一舉兩得。

柒、臺商投資菲律賓策略的建議

全球主要的經濟體發展現況，美國是世界第一大經濟體、中國第二、日本第三、歐盟（EU）第四。其次，印度將跟著中國成為二十一世紀經貿強國，而東協也將是全球經濟發展的明日之星。

全球科技和經濟發展途中，近年來因中美經貿科技競爭摩擦，影響全球經濟。又因疫情未息，臺商在中國的困境，除部分回歸臺灣外，部分移進越南，使越南漁翁得利，而菲律賓得利機會並不多。

事實上，就經濟發展的人口紅利而言，臺灣投資菲國，在勞力供應上的優勢比越南強。越南在河靜省曾發生勞工暴動抗議「台塑鋼鐵廠」及排華（中國大陸）人員的前訓，菲律賓尚未曾發生大規模排斥臺商。

菲律賓人口為 1 億 1,600 百多萬人（2023 年），僅次於印尼，是東協成員國人口第二多的國家（世界第十三大），人口成長的速度較快，儘管人口成長率自 2000 年的 2.2% 下降至 2023 年的 1.6%。但與其他類似東協經濟體相比，像是越南（0.8-1%），成長依然強勁。例如：菲國占比較大的 0-14 歲兒童人口，使菲國到 2035 年也能看到愈來愈多勞動人口。而據聯合國人口與發展委員會的預估，未來幾十年間，菲國將會長期維持有 65% 的青壯年（16-64 歲）人口比例。而 65 歲以上的老年人口將占全國人口 7% 以上。顯示菲國也正向老化社會轉變。

從菲律賓 2023 年經濟現況、產業發展，以及總體市場分析，綜合建議臺商投資菲國的未來產業。諸如：自動汽車（EV）零件產業、健

康醫療產業、運輸與物流產業、微型及中小型企業產業、服務觀光旅遊產業等，都是全球經濟的要項。尤其，對潔淨能源、永續運輸、環境資源等長期績效的看法。專家建議長期的極端氣候變化將帶動投資趨勢的改變，過去的經濟成長結構已不適用於未來的零碳經濟體。國際能源署 IAEA 和 BNEF 彭博對能源預估，至 2050 年的零碳目標，需投資高達 100 兆美元才有機會達標。所以，預估相關市場未來將高速成長，將帶動五大主軸享有長期投資趨勢。尤其，氣候變遷商機要提早布局；包括潔清能源、能源效率、低碳產業、環境資源及永續運輸等。

臺灣近八年來，蔡英文總統主政下的新南向政策，方向正確。惟政府各相關部會缺少跨部會整合，發揮綜效、績效並不理想。尤其，新南向高教政策並未落實是最大的敗筆。又在兩岸關係未能正常化及因疫情阻礙因素，抵消了新南向政策功能，最為可惜。兩岸觀光旅遊、人民自由交流受到限制，臺灣流失了八年兩岸觀光旅遊產業的發展利益。當今，菲律賓的經濟發展立足於美國、中國和日本之間，靠近臺灣經濟發展的路線，臺灣如能在兩岸和平交流互惠之下，把握與菲律賓天時、地利及人和的良機發展經貿，雖面臨挑戰，但機遇大於挑戰！

菲律賓政府經歷疫情後經濟及世界情勢等變化。如今，持續在貿易、安全、國防等議題上，尋找「非傳統的合作夥伴」，延續前任總統杜特蒂的中立外交政策。小馬可仕總統表示，外交政策保持中立，是指馬尼拉不向華盛頓或北京靠攏。事實上，菲律賓大幅強化菲、美安全合作，並於 2023 年 2 月宣布新增 4 處戰略據點，提供美軍使用，讓美國在菲國累計到擁有 9 處軍事基地。因為菲律賓無法與中國共同開發南海，而且中國在黃岩島仁愛礁填海造陸，暗中發展戰略軍事基地。

小馬可仕總統於 2023 年 5 月初訪美，與拜登總統會談時強調，「在南海與亞太地區緊張下，馬尼拉尋求與世界上唯一的條約夥伴（美國），強化和重新定義我們之間的關係。」

小馬可仕總統要求菲律賓駐外大使，在派駐國要優先關注農業現代

化、新能源、基礎建設開發和數位發展等領域，若有前瞻發展的前景，創新合作的機會，就要緊緊把握抓住它。所以，臺商亦要緊緊抓住投資菲律賓這個機會。

參考文獻

1. 〈菲律賓2023經濟現況—產業發展，以及總體市場分析〉。2023年10月25日，取自網址：https://zh.oosga.com/economies/phl/。

2. 經濟部國際貿易署，〈菲律賓2023年海外勞工匯入款創新高〉。2024年2月19日，取自網址：https://www.trade.gov.tw/Pages/Detail.aspx?nodeid=45&pid=778771。

3. IMF-World Economic Outlook（WEO）Database（2022年10月版）取自網址：https://ecodb.net/country/PHlinetgrowth.html。

4. フイリピンの経済成長の推移
   (1) SMBC Asia Monthly，2022年11月，第164號。
   (2) 日本總合研究所調查部，2023年11月，第167號。

5. 國際通貨研レポート，フィリピンの経済情勢と今後の見通し（小宮佳菜）。2022年9月21日，取自網址：https://www.iima.or.jp/docs/news-letter/2022/nl2022.19.pdf。

6. フイリピンの経済ついて，日本貿易振興機構（JETRO），吉田曉彥。2023年2月25日，取自網址：https://www.jetro.qo.jp/biznews/2023/02/7918cba83f6917137.html。

7. フイリピンの経済の見通し，2023年は世界的景氣後退の影響と受るも，成長期待は變わず，家村 均，2023年1月2日，取自網址：https://gentosha-go.com/articles/-/48237。

Chapter *5*

菲律賓經濟發展與海外移工

張李曉娟[*]

---

* 日本廣島大學法律學博士，環球科技大學公共事務管理研究所副教授兼所長。

　　2023 年 11 月南海緊張情勢升級，美、菲、日、韓在菲律賓巴丹群島（Batanes）和巴拉旺島（Palawan）等處進行聯合演習，演練化生放核訓練、沿海搜救、海防訓練與兩棲作戰等。特別是美、菲兩國自 2016 年開始舉行「海上戰士合作」（Kamandag）演習。美軍陸戰隊東南亞輪調部隊（MRF-SEA）表示，約 950 名菲律賓武裝部隊成員及來自美軍第一陸戰遠征軍和第三陸戰遠征軍的 850 名隊員，與日本陸上自衛隊和韓國陸戰隊員一起訓練。英國武裝部隊則將派遣觀察員參加。（中央社，2023）

　　反觀東南亞各國，莫不急於振興經濟以再創 COVID-19 疫前榮景；2022 年 6 月菲律賓小馬可仕（Ferdinand Romualdez Marcos Jr.）就任第十七任總統，強調遵循前總統杜特蒂（Rodrigo "Rody" Roa Duterte）路線，以持續推動國家基礎建設、吸引外資、培育國內企業及創造雇用機會等為施政重點。哈佛大學經濟學博士貝爾納多‧維勒加斯（Bernardo M. Villegas）大膽預測，菲律賓經濟將持續衝高，人均收入達到 1 萬 2,000 美元（以 2022 年價格計算），貧窮發生率接近零，收入分配公平。（Bernardo M. Villegas, 2022）

　　究竟菲律賓經濟是否能穩定復甦，在南海區域緊張中保有高度發展，值得進一步探討。本文擬針對菲律賓經濟概況、海外移工政策，加以介紹。以下簡單分為三節，第一節菲律賓經濟概況，第二節菲律賓海外移工政策，第三節菲律賓未來經濟展望。

第一節　菲律賓經濟概況

壹、菲律賓經濟概況

　　菲律賓位於西太平洋，由七千多個島嶼組成，號稱千島之國；大分為呂宋、維薩亞斯、民答那峨三個區域。北鄰呂宋海洋與臺灣相望，

南隔西里伯斯海與印尼相望，西接中南海與越南相望，東側則是菲律賓海，海岸總長 1 萬 7,461 公里。菲律賓採三權分立之總統制，國土面積 29.97 萬平方公里，各島丘陵遍布，只有呂宋島中部有較大平原。人口約 1.09 億，首都馬尼拉市，官方語言以英文、菲律賓語並行，人民多信奉羅馬天主教；種族相當多元化，以馬來族最多（80%），其次是原住民族、華族及西班牙等。

1571 年菲律賓曾為西班牙殖民三百餘年，美西戰爭後，1898 年改隸屬於美國；二次大戰期間淪為日本殖民地，直到 1946 年恢復獨立，由羅哈斯（Manuel Roxas y Acuña）擔任菲律賓共和國總統。比較特別的是 1965 年就任、1969 年連任的馬可仕（Ferdinand Marcos）總統，儘管憲法禁止總統第三次參選，1972 年馬可仕強行頒布戒嚴令、廢止憲法。戒嚴令剝奪人民的言論、出版等自由，延續獨裁政權；直到 1986 年 2 月，菲律賓人民衝進馬尼拉的乙沙大道（EDSA），以肉身抵擋坦克和軍隊，要求馬可仕辭職。馬可仕夫婦在抗議者包圍下逃往夏威夷，象徵獨裁政權的結束，史稱「人民力量革命」或「EDSA 革命」。

1986 年由柯拉蓉·艾奎諾（Corazon Aquino）接任總統，她也是首位民選女總統。此後，菲律賓推動經濟改革，走向貿易自由化、放鬆管制、私有化。1990 年代羅慕斯（Fidel Valdez Ramos）總統任內，更打破長期壟斷的部分核心領域。經濟合作暨發展組織（OECD）評價，菲律賓在宏觀經濟與政治上都相當穩定。艾奎諾三世（Benigno S. Aquino III）總統更努力提高透明度，改善公私對話，解決腐敗問題，開放金融和海運自由化，2015 年頒布《新競爭法》，為國內外投資者創造新的市場機會。這些重大改革對菲律賓經濟表現，有其一定助益。（OECD, 2016）

近年菲律賓 GDP 成長率，從 2012 年都維持在 6% 以上，只有 2020 年受到疫情衝擊下探至 -9.6%，2021 年回穩至 5.6%。在這樣的政經環境下，國民平均收入緩增。根據世界銀行（WB）設定的標準，中低收

入國家人均 GDP 在 1,036-4,045 美元間，中高收入國家 4,046-12,535 美元，而高收入國家在 12,536 美元以上。菲律賓尚徘徊在中低收入國家行列。詳細請參考表 1。（ASEAN, 2022）

表 1　2012-2021 年菲律賓經濟概況

年份	GDP	國內生產總值	人均收入
2012	6.9	262,284	2,717
2013	6.8	280,771	2,859
2014	6.3	297,831	2,981
2015	6.3	306,465	3,017
2016	7.1	318,643	3,086
2017	6.9	328,831	3,134
2018	6.3	344,886	3,261
2019	6.1	376,792	3,512
2020	-9.6	361,519	3,323
2021	5.6	393,612	3,552

註：計算單位 GDP（%）、國內生產總值（百萬美元）、人均收入（美元）。
資料來源：ASEAN，2022，本研究整理。

　　根據東南亞國協（ASEAN）的資料顯示，菲律賓產業結構以服務業表現最為搶眼，服務業在 GDP 的占比維持在 60% 以上，其次是製造業及農業。（ASEAN, 2022）（請參考表 2）菲律賓農業產值占全國 GDP11% 左右，主要出口農產品項有椰子產品、糖原料及香蕉，主要出口市場為日本、美國、中國、香港及新加坡。

表 2　2019-2021 年菲律賓三級產業 GDP 之占比（百分比）

年份	第一級	第二級	第三級
2019	9.6	29.5	60.9
2020	10.9	27.6	61.4
2021	11.0	27.9	61.1

註：主要經濟部門：a. 第一級產業：包括農業、採礦業和採石業。b. 第二級產業：製造業、建築業和公用事業（電力、燃氣和供水）。c. 第三級產業：批發與零售業、運輸與倉儲業、住宿與餐飲服務業、信息與通訊業、金融與保險業、商業服務業、及其他服務業。d. 在一些東盟國家，第一、第二和第三級產業的GDP 總和可能不等於 100%，主要是由於與 GDP 相關的平衡項目與其他產業分開處理。GDP 包括稅收、特定產品和服務的補貼。

資料來源：ASEAN，2022。

貳、菲律賓經濟特色──服務業掛帥

　　經濟合作暨發展組織（OECD）回顧菲律賓經濟發展歷程，認為獨立後四十個年頭，始終遵循內向型發展策略（in-ward-looking development strategy），以平衡收支危機。1950 年代與 1960 年代採取進口替代政策（import substitution policies），成功促進經濟成長並吸引外資進入從事生產。當時市場尚未飽和，菲律賓相對比其他地區顯得富裕（OECD, 1999）。即便菲律賓國內製造業開始擴展，但國內市場規模小且嚴重依賴優惠待遇，所以後繼無力。以汽車業為例，這 40 年來，在各種財政激勵措施及高關稅壁的保護之下，始終未能轉型成具有國際競爭力的產業。尤其是寬鬆貨幣政策下引發的通貨膨脹，削弱其貨幣競爭力。在國內需求有限的情況下，製造業的發展陷入瓶頸。

　　進入 1970 年代，菲律賓奉行債務驅動的成長策略（debt-driven growth strategy），嚴重依賴外國借款來投資在基礎設施項目上，特別是旅遊業、以及馬可斯總統任內的國有企業。1983-1985 年間，由於過

度借貸、政治不穩、腐敗問題，導致該國陷入有史以來最嚴重的債務危機。因此，1980 年代又被稱爲菲律賓經濟失落的十年。1986 年菲律賓回歸民主後，推動許多重大改革，涵蓋貿易和投資自由化、稅收政策、政府資產私有化、國有企業改組以及競爭政策。1990 年代初實施的結構性改革，釋出部分受保護的關鍵性產業，例如電信、運輸，水、石油開放民營，使得電子、商業流程外包（Business Process Outsourcing, BPO）、資訊科技等製造業與服務業得以有空間發展。

值得注意的是，菲律賓經濟成長模式相當特殊，迥異於其他東亞國家，並未遵循從第一級產業農業、轉型第二級產業製造業、再朝第三級產業服務業發展的模式。菲律賓的農業生產力遲遲無法有效提升，製造業同樣停滯不前，反而是低產能、低技能的服務業崛起，主導菲律賓經濟的未來。特別是商業流程外包（BPO）行業的快速成長，2000 年以後菲律賓轉型爲服務型經濟（service-based economics），菲律賓絕大部分的經濟成長都可歸功於服務業。（OECD, 2016）

參、杜特蒂的經濟政策

2010 年菲律賓總統大選中，艾奎諾三世代表自由黨（Liberal Party）參選，以 42% 高票當選第十五任總統。艾奎諾三世爲實踐其競選承諾，責成國家經濟發展部（National Economic and Development Authority, NEDA）擬定 2011-2016 年發展計畫（Philippine Development Plan, PDP），包括執行基礎建設、提高投資率、提供企業公平競爭機會；同時，規劃「公共投資計畫」（Public Investment Program, PIP），作爲國家中程發展藍圖，由政府提列專款推動基礎建設、農漁業部門及社會福利相關計畫等。設定之目標有：每年平均 GDP 成長 7-8%、每年創造 100 萬人就業機會、2016 年投資占 GDP22%。另外，也規劃區域發展計畫、稅務獎勵及資本設備進口免稅等。

2016 年 6 月由杜特蒂（Rodrigo Duterte）接任後，提出「2040 願景（Ambisyon Natin 2040）」，期使菲律賓人能夠享有穩定、舒適和安全的生活；他提倡「十點社會經濟議程」，主張持續維持艾奎諾前總統的經濟政策、提高基礎建設支出至 GDP5%、確保外資對於菲律賓投資之吸引力、開發合宜農業發展策略、解決土地管理制度之瓶頸等。國家經濟發展部（NEDA）擬定 2017-2022 年發展計畫（PDP），2021 年滾動修正後目標訂為將 GDP 成長率調整為 6.5-7.5%、貧窮率自 21.6% 下降至 14%、失業率從 5.5% 微調為 7-9%，同時期許 2022 年前菲律賓得以晉身中高所得國家。

前總統杜特蒂認為菲律賓經濟發展的致命傷（Achilles' Heel）在於國家基礎設施不完善，所以他大力推動「Build、Build、Build」（BBB）基礎建設計畫。這個高達 1,800 億美元預算計畫，企圖全面強化菲律賓脆弱的基礎建設；例如南北鐵路運輸系統計畫、新馬尼拉機場（Bulacan）、克拉克國際機場新航廈，以振興經濟。

另一方面，有關菲律賓憲法國族主義保護色彩濃厚，有阻擋外資進入之虞；2022 年 3 月前總統杜特蒂簽署共和國第 11659 號法（RA11659），修正《公共服務法》（RA146），開放電信（telecommunications）、大眾傳播（mass communication）、航空（airlines）、機場（airport）、地鐵（subway）、高速公路（expressways）、鐵路（railway）、收費公路（tollways）、船運（shipping）等行業，外資得以100% 持有，不受憲法外資所有權最高 40% 的限制。

新法將公共服務區分為公共設施（public utilities）以及公共服務（public service）兩個不同概念，開放的領域以公共服務為主，對於公共設施尚存在限制，新法禁止外資持有以下幾項公共設施超過 40% 的股權：配電和輸電（distribution and transmission of electricity）、石油和石油產品（petroleum and petroleum products）、管道傳輸系統（pipeline transmission systems）、供水管道分配系統（water pipeline distribution systems）、廢水管道系統（wastewater pipeline systems），包括汙水管道（sewerage）、海港（seaports）、公用事業車輛（public utility vehicles），包含卡車運輸。同時，杜特蒂再簽署共和國第 11647 號法（RA11647），修正《外國投資法》（RA7042），放鬆對外資的管制。

第二節　菲律賓海外移工政策

壹、菲律賓海外移工（OFWs）政策

根據菲律賓統計局（PSA）數據顯示，2023 年 9 月就業率為 95.5%，勞動參與率 64.1%，失業率 4.5%；在 4,767 萬就業總人數中，就業不足人數為 511 萬人，就業不足率 10.7%。所謂就業不足者是指那些表示想在現有工作中獲得額外工作時間的人，或希望有一份兼差工作、或想得到一份工時更長的新工作的人。就業者若以行業劃分，服務業 60.4%、農業部門 21.5%、工業部門 18.1%；每周平均工時 40.8 小時。2019-2023 年菲律賓主要勞動與就業指標，請參考表 3。（PSA, 2023a）

表 3　菲律賓主要勞動與就業指標（百分比）

	勞動參與率	就業率	就業不足等	失業率
2019	61.3	94.9	13.8	5.1
2020	59.5	89.7	16.2	10.3
2021	63.3	92.2	15.9	7.8
2022	64.7	94.6	14.2	5.4
2023	64.1	95.5	10.7	4.5

註：2023 年以 9 月分資料呈現，非全年平均值。
資料來源：PSA，2023a。

這些是在菲律賓國內勞工的相關勞動數據，但菲律賓長期以來人力

外流也是不爭的事實。早在 1901 年美國占領菲律賓殖民前後，就開始出現海外移工，例如前往夏威夷擔任大型甘蔗種植莊園契約工，或遠渡美國本土協助收割果蔬農作物；二次大戰後，有的受僱為船員到關島或沖繩擔任建築工。1950 年代後半，菲律賓與英國簽訂協議，5 年派遣 2 萬 5,000 人到英屬北婆羅洲工作；1965 年美國移民法鬆綁後，菲律賓的醫師、護士、工程師、牙醫等專業技術人員陸續出走到美國工作。

特別是越戰（1955-1975）結束後，中東各國推動建設大量招募菲律賓勞工，但由於文化差異及勞動爭議等問題層出不窮，1974 年馬可仕總統任內制定《勞工法》（共和國第 442 號），將海外移工政策委由海外雇用開發委員會（OEDB）、雇用服務局（BES）、國家船員委員會（NSB）個別管理；1978 年修正《勞工法》，開放民間仲介業者參與。1982 年再將上述三個機關，整合為菲律賓海外就業署（POEA），總理海外移工業務。（山形辰史，1991）

1970 年代菲律賓人之所以出走海外，究其因有二。第一，1972 年國內頒布戒嚴令，嚴禁任何勞工運動；第二，1970 年代初期國內薪資大幅滑落。1980 年代後，特別是 1983 年艾奎諾二世（Benigno Simeon "Ninoy" Aquino, Jr.）暗殺事件爆發，影響外國銀行對菲律賓的信心，政府甚至宣布暫緩償還外債，導致國內貿易金融凍結、進口急縮，1984-1985 年間經濟成長率各呈現負成長 -6.0%、-6.3%。於是，海外移工數量開始暴增，從以移民為前提而遠赴他鄉工作，轉換成以回國為主的海外短期性契約工為大宗；工作地則以中東與亞洲國家為主。（山形辰史，1992）

對此，1988 年艾奎諾夫人創造一個名詞「Bagong-Bayani」來形容菲律賓海外移工，意思是指勇敢、謙虛與無私的人；他們不辭勞苦赴海外工作，匯款回國養活家人，推崇他們是菲律賓的英雄。艾奎諾夫人有一段經典的談話，摘錄於下：

「你完全有理由爲你的工作感到自豪，無論你的工作是什麼，無論它在別人眼中多麼微不足道。請記住，所有的工作都很棒。也要記住，不僅您的配偶、孩子和親戚會感激您所經歷的犧牲，整個菲律賓人民也會感激不盡。您可以確信您的政府會盡一切努力爲您謀福利」。

因爲當時有超過 1/3 國家預算用於償債，半數國人生活在貧窮線以下，失業讓情況更爲惡化。當經濟無法成功轉型，只能依靠海外就業來解決國家經濟問題。艾奎諾夫人任內海外移工數從杜特蒂時代的 30 萬倍增爲 60 萬，此後逐年成長；原本臨時性的海外移工政策，卻因實施的措施讓其具有一定程度的永久性。（Jean Encinas-Franco, 2015）

貳、菲律賓海外移工現況

根據菲律賓最新統計，2022 年 4 月至 9 月間，海外移工（OFWs）或在國外工作人數估計爲 196 萬人，比 2021 年同期的 183 萬增加 7.6%。海外移工總數中，海外契約工（OCWs）或現有勞動契約人數爲 194 萬人。另外，雖沒有工作簽證或工作許可證（例如旅遊、訪客、學生、醫療和其他類型的非移民簽證），但在其他國家受僱並全職工作的其他海外移工估計有 2.6 萬人。因此，海外移工總數，海外契約工最高，占 98.7%，而其他則爲 1.3%。

從性別來看，海外移工女性占多數，女性 113 萬人（57.8%），男性 82.8 萬人（42.2%）；跟前年 2021 年的趨勢雷同。從年齡層來看，30 至 34 歲年齡層的海外移工人數最多，占總數的 23.4%，45 歲及以上年齡者則位居第二（22.7%），其次是 35 歲至 39 歲（18.0%）。

這些海外移工從事基礎職業（Elementary occupations）者占總數的 44.4%；換言之，每 10 名就有 4 名從事基礎職業。所謂基礎職業涉及執

行簡單的日常任務，可能需要使用手持工具與大量的體力，包括公寓、房屋、廚房、飯店、辦公室和其他建築物的清潔、補充備品及進行基本維護；清洗汽車和窗戶；在廚房幫忙並完成簡單的食物準備；傳遞訊息或貨物；攜帶行李和搬運行李；門衛和財產看守；庫存自動販賣機或讀取和清空計量表；收集垃圾；清掃街道和類似地方；執行各種簡單的農耕、捕魚、狩獵或誘捕任務執行與採礦、建築和製造相關的簡易作業，包括產品分類和簡單的零件手動組裝；手工包裝；貨運處理；踏板或手動引導車輛運送乘客和貨物；駕駛獸力車輛或機械。其次，服務和銷售人員是第二大宗，占 15.5%，而工廠機器操作員和裝配工是第三大宗，占 12.4%。

海外移工前五名的目的地依序爲：亞洲（80.8%）、歐洲（9.0%）、南北美洲（6.3%）、澳洲（2.9%）和非洲（1.0%）。在 196 萬海外移工中，有 23.0% 在沙烏地阿拉伯工作，其次是阿拉伯聯合大公國，占 13.7%；其他亞洲國家也有來自菲律賓的移工，包括科威特（7.7%）、香港（6.1%）、卡達（5.8%）和新加坡（5.0%）。（PSA, 2023b）

參、菲律賓海外移工僑匯

菲律賓海外移工僑匯（Overseas Remittance）爲菲國重要外匯收入來源，而海外移工僑匯金額，每年持續穩定增加。2022 年 4 月至 9 月間，在菲律賓 196 萬海外移工的匯款總額達 1,974.7 億披索，相當於 355 億美元；其中，20.7% 的人匯款金額至少 10 萬披索，而 41.7% 的人匯款金額在 4-10 萬披索，包括匯出的現金（1,454 億披索）、自行攜帶的現金（439 億披索）和實物（81.7 億披索）。每位海外移工平均匯款額爲 11.1 萬披索，高於 2021 年同期的 9.1 萬披索。這些匯回菲律賓本國的 1,454 億披索現金中，有 1,034.5 億披索來自亞洲國家。

觀察其匯款模式，2022 年首選匯款方式是透過銀行匯款，金額約

831.9 億披索，占現金匯款總額的 57.2%。除銀行外，也有透過其他匯款服務進行現金匯款，金額達 598.5 億披索，占 41.2%。在其他國家工作的菲律賓人現金匯款中，約有 1.6% 是透過海外移工機構、當地辦事處、朋友、同事、挨家挨戶等方式匯出的。（PSA, 2023b）

第三節　菲律賓未來經濟展望

壹、2023-2028年菲律賓國家發展計畫

2022 年小馬克仕（Ferdinand Romualdez Marcos Jr.）勝選成為菲律賓第十七任總統，國家經濟發展部（NEDA）公布「2023-2028 年菲律賓國家發展計畫」。該計畫是菲律賓「2040 願景」下第二個中期發展規劃，也是進階的經濟與社會轉型計畫，主要是引導經濟重新走上高成長路線，創造就業並加速減貧，建立一個繁榮、包容和有韌性的社會，以晉升中高收入所得國家。

該計畫訂定 11 項發展目標值，擇要介紹如下：

1. 維持高經濟成長率。2023 年 6-7%、2024-2028 年每年 6.5-8%。

2. 創造就業機會，降低失業率。2023 年 5.3-6.4%，2024 年 4.4-4.7%，2025 年 4.8-5.1%，2026-2028 年每年 4-5%。

3. 國民所得倍增，人均收入晉升中高收入國家水準。2028 年達 6,044-6,571 美元。

4. 降低貧窮率，2023 年 16-16.4%，2025 年 12.9-13.2%，2028 年 8.8-9%。

5. 維持物價穩定，通膨率 2023 年 2.5-4.5%，2024-2028 年 2-4%。

6. 確保財政健全，降低財政赤字占全年 GDP 的比率，2023 年 60-62%，2028 年 48-53%。

各項目標值，請參考表 4。（NEDA，2022）

表 4　2023-2028 年菲律賓國家發展計畫目標值（百分比）

目標值	基礎值	2023 年	2025 年	2028 年
GDP 成長率	2021 年 5.7 2022 年第 1-3 季 7.7	6.0-7.0	6.5-8.0	6.5-8.0
失業率	2022 年 5.4	5.3-6.4	4.8-5.1	4.0-5.0
人均收入	2021 年 3,640 美元	4,130-4,203 美元	4,814-4,920 美元	6,044-6,571 美元
貧窮率	2021 年 18.1	16.0-16.4	12.9-13.2	8.8-9.0
通膨率	2022 年 5.6	2.5-4.5	2.0-4.0	2.0-4.0
財政赤字占 GDP 比率	2022 年 9 月 63.7	60-62	56-59	48-53

資料來源：NEDA，2022，本研究整理。

貳、菲律賓經濟發展之問題點

前述提及，前總統杜特蒂大力推動的「Build、Build、Build」（BBB）基礎建設計畫，而小馬克仕繼任後，承諾將持續推動國家基礎建設。對此，學者表達其憂心，認為 BBB 基礎建設計畫的熱潮，能夠創造就業機會，受到人民歡迎，但執行過程中若出現錯誤決策或腐敗，將導致危機與困難。這些舉債推動的政策，如果發生糟糕的治理與錯誤的決策，那麼這場盛宴就必須在某個時刻結束。（半島電視臺，2022）

其次，國際勞工組織（ILO）很早就觀察到菲律賓女性移工脆弱的一面。菲律賓國內缺乏就業機會或薪資過低，人們不得不離鄉背井成為海外移工，這也意味著數百萬熟練與非熟練人才的流失。特別是女性移工，容易受到騷擾、恐嚇、經濟剝削等威脅；例如非國民身分、種族、宗教、經濟地位等，使其處於雙重、三重或四重歧視，遭受剝削及虐待，嚴重者可能損及生命。（ILO, 2002）

以在科威特為例，2018 年以來至少發生 4 件菲律賓女性移工被殺

事件。2023 年菲律賓女傭朱勒比（Jullebee Ranara）剛以電話聯絡家人提起對雇主家 17 歲兒子的驚懼，隔天就被發現被焚屍慘死於附近沙漠；雇主兒子承認行凶，且是一屍兩命，朱勒比懷的是凶手的孩子。小馬克仕總統特地出席朱勒比歸國的葬禮，承諾對家屬提供援助。國際移民組織主席喬安娜（Joanna Concepcion, chairperson of Migrante International）認為，菲律賓過度依賴海外移工的匯款，等於默許移工被侵犯或謀殺的事件持續發生。她認為解決這個問題的一個可行方法，是結束政府的勞動力輸出計畫，透過土地改革及工業化在國內創造合宜的就業機會。如果菲律賓人在國內有穩定薪資的工作，他們就不必離鄉背井到海外討生活。（Laurinne Jamie Eugenio, 2023）

參、菲律賓未來經濟展望

菲律賓產業結構以服務業掛帥，製造業相較其他東協國家較不發達，大量仰賴進口產品，菲律賓缺乏上游供應鏈與產業聚落，產業所需之零組件、半成品亦多仰賴進口。近年，中國大陸許多外資工廠往東南亞國家遷移，部分轉移至菲律賓。加上日本基於分散風險及看中菲律賓內需強勁等考量，增加在菲投資，帶動產業供應鏈移轉，使菲律賓製造業有久旱逢甘霖之氣象。（經濟部，2020）

我國菲律賓臺商約有 600 家 7,000 人左右，主要集中於呂宋島中部；投資項目範圍很廣，包括汽車、機車、便利商店、飼料、紡織品成衣、農漁業及水產品、電子及電器產品、房地產及營建業、紙漿及紙製品、金融保險等。星宇航空、緯創資通、光陽工業等知名企業，都陸續進駐菲律賓，並考量未來增資擴廠。（駐菲律賓臺北經濟文化辦事處，2021）

在食品業方面，由於菲律賓可觀的消費人口及逐年成長的收入，使消費水準不斷提高，有助於食品和飲料市場持續擴張。當地最大的食

品和飲料製造商生力集團（San Miguel）、可口可樂、百事可樂、雀巢等生產者不斷拓展版圖。以手搖飲爲例，菲律賓因氣候炎熱，人民好甜食，臺灣手搖業者陸續進入菲國市場，如日出茶太、五十嵐、一芳、老虎堂等品牌在菲國大受歡迎，商機無限。（經濟部，2020）

　　商業流程外包（BPO）仍然一枝獨秀，超過 115 萬的菲律賓人口在這個領域就業，每年爲菲律賓創造超過 230 億美元的收入，占 GDP 的10%。以電話中心業務爲例，歐、美資金大量投資，每年穩定成長，讓菲律賓超越印度成爲新一代的全球電話呼叫中心。

　　世界銀行（The World Bank）評價菲律賓是東亞及太平洋地區最具活力的經濟體之一。隨著菲律賓城市化程度提高、中產階級壯大、人口眾多且年輕化，菲律賓的經濟活力來自於活潑的勞動力市場及僑匯支持下的高度消費需求。商務流程外包、批發和零售貿易、房地產和旅遊業等服務業都表現相當優良。即便 COVID-19 疫情過後，貧困率從 2015 年的 23.5% 下降到 2021 年的 18.1%。菲律賓經濟成長從 2021年 5.6% 增加到 2022 年 7.6%。當菲律賓穩健復甦並持續改革，經濟將回歸正軌，世界銀行預期短期內菲律賓國內國民總收入將從 2021 年約3,640 美元中低收入的水準，順利晉升中高收入國家（4,256 至 13,205美元）。（The World Bank, 2023）

　　這樣的觀點與哈佛大學經濟學博士貝爾納多・維勒加斯（Bernardo M. Villegas）不謀而合，他強調菲律賓幾個基本優勢：人口紅利、地域紅利、時間紅利，加上小馬可仕總統選用最聰明卓越的菁英，在未來的 30 年將建立強大的財政金融體系。菲律賓政府當下集中對人力和物力資本進行更大的投資，來促進中長期成長，未來應善加注意治理與決策的妥當性，同時創造新的就業機會，回應有關海外移工各項問題；在不久的將來，菲律賓或許得以落實「2040 願景」（Ambisyon Natin 2040），人人能夠享有穩定、舒適和安全的生活，成爲東協真正的明日之星。

參考文獻

1. 山形辰史，1991，〈フィリピンの労働者の海外送り出し政策〉，三田学会雑誌第80巻特別号，1991年3月。

2. 山形辰史，1992，〈フィリピン〉，アジアの國際労働移動シリーズ第425号，1992年。

3. 中央社，2023，〈區域緊張 美菲日韓將於近臺灣島嶼聯合軍演〉。2023年11月3日，取自網址：https://www.cna.com.tw/news/aopl/202311030211.aspx。

4. 半島電視臺，2022，〈小馬科斯即將上任 菲律賓的基建問題成為焦點〉。2022年6月29日，取自網址：https://chinese.aljazeera.net/economy/2022/6/29/

5. 經濟部，2020，〈菲律賓投資環境簡介〉。

6. 駐菲律賓臺北經濟文化辦事處，2021，〈菲律賓臺商投資環境報告〉。

7. ADBI/OECD/ILO, 2021, LABOR MIGRATION IN ASIA.

8. ASEAN, 2022, ASEAN STATISTICAL YEARBOOK 2022.

9. Bernardo M. Villegas, 2022, THE PHILIPPINE ECONOMY TOWARDS FIRST WORLD STATUS.

10. ILO, 2002, PHILIPPINES: GOOD PRACTICES FOR THE PROTECTION OF FILIPINO WOMEN MIGRANT WORKERS IN VULNERABLE JOBS.

11. Jean Encinas-Franco, 2015, Overseas Filipino Workers (OFWs) as Heroes: Discursive Origins of the "Bagong Bayani" in the Era of Labor Export, HUMANITIES DILIMAN (JULY-DECEMBER 2015) 12:2, 56-78.

12. Laurinne Jamie Eugenio, 2023, Overseas Filipino Workers: The Modern-Day Heroes of the Philippines，HARVARD INTERNATIONAL RE-

VIEWL，2023年8月11日，取自網址：https://hir.harvard.edu/overseas-filipino-workers-the-modern-day-heroes-of-the-philippines/。

13. ILO, 2023, The road to decent work for domestic workers.

14. NEDA, 2022, PHILIPPINE DEVELOPMENT PLAN 2023-2028.

15. PSA, 2023a, the September 2023 Labor Force Survey，Philippine Statistics Authority，2023年11月14日。

16. PSA, 2023b, 2022 Overseas Filipino Workers (Final Results)，Philippine Statistics Authority，2023年10月10日，取自網址：https://www.psa.gov.ph/content/2022-survey-overseas-filipinos-final-result。

17. OECD, 2016, OECD Investment Policy Reviews PHILIPPINES.

18. The World Bank, 2023, The World Bank in the Philippines Overview，2023年11月19日，取自網址：https://www.worldbank.org/en/country/philippines/overview。

Chapter *6*

菲律賓國際貿易與投資

許淑敏[*]

[*] 中國南開大學管理學博士，現任中華民國私立學校文教協會理事、財團法人私立學校興學基金會董事、財團法人雲林縣文化基金會董事、世界華人工商婦女企管協會大台中市分會輔會長、中台灣女力論壇聯合會副會長。

第一節　菲律賓國際貿易與環境分析

壹、菲國經貿發展現況

　　菲國曾是經濟較為開發的亞洲國家之一；然而，經歷幾次金融與政治的風暴後，菲國的經濟情況每況愈下，一直到近幾年才較持平發展。在菲律賓到「購物中心」消費是重要的消費文化，菲國多數企業通常是發放「雙週薪」以取代「月薪」。菲國市場競爭以「價格」為導向，貿協全球資訊網（2023）分析建議，對於有意願到此開拓市場的外商而言，如果商品不具備顯著的特色或不具有知名品牌的優勢，可先從中、低階商品進入市場，再配合通路舉辦商品促銷的推廣活動，讓消費者逐漸加深商品的印象。至於高價位商品在菲國市場仍然是極具潛力，因為菲國經濟富有階層的消費能力不容小覷。此外，菲律賓也是東南亞非常重要的工業國家，是全球各主要汽機車業者零組件的製造國，造船業在全球排名第四大的國家，因此，近年吸引很多大廠宣布希望加大投資。

　　菲律賓是一個中等收入的新興經濟體，為服務和電子元件的出口國，國內生產總值以內需消費占比最高。盧慶芳（2023）報告顯示，2022年菲律賓產值占GDP比重，分別為農業13.26%、工業43.98%、服務業62.58%。GDP經濟的成長率2022年為7.61%，就業率95.7%，通膨率5.8%。2023年經濟成長放緩為5.30%，通膨率5.70%。惠譽預測2024年全球需求增強，經濟加速成長，可望又回到7.40%，通膨率為4.70%。

　　菲律賓是農產品短缺的國家，主要的農產品貿易夥伴為中國、印尼、美國、日本、越南、馬來西亞、澳洲和荷蘭。農產品貿易逆差國，年均逆差9億美元左右。根據菲律賓館企業（2023）訊息顯示，菲國進口農產品的種類很多，其進口農產品有兩大突出的特點，一是以食物為進口的主體；而另一特點是在食物類進口中以糧食為主。由菲律賓農產

品進出口貿易現況來看，菲國的農產品貿易在菲國對外占的比重不大；但是，國際貿易是用來調整菲國農產品供求的重要手段之一；因此，對外貿易對菲國農民增收和保障國內供需平衡具有重要意義，更是菲國推動農產品優勢發展的動力。經濟部國際貿易局（2023）引用惠譽解決方案（Fitch Solutions）公司分析表示，過去菲律賓農產品進口總額數據顯示，占了菲國進口總額的十分之一以上。未來由於內外部因素，包括：(1) 菲國對稻米及其他食品關稅削減導致食品進口不斷成長；(2) 烏俄戰爭導致大宗商品價格持續波動；(3) 菲國政府為因應基礎設施計畫，從國外增加購買建築材料；(4) 疫情後全球需求逐漸放緩；(5) 菲國最大出口國美國走向衰退，勢必影響菲國對美國之出口。

貳、菲律賓對外貿易

2022 年全球能源、各類商品價格上漲，因此，菲律賓對外貿易進口的費用增加，又基礎建設及貿易活動的復甦，使得菲律賓商品進口仍維持強勁。然而 2023 年全球經濟及商品需求逐漸減弱，使得菲國貿易逆差擴大。菲律賓貿易指南（2023）資料顯示，菲律賓 2022 年進出口總額 2,248.2 億美元，其中，進口額為 1,458.9 億美元，成長了 17.3%；出口額為 789.3 億美元，成長 5.8%。CLAIRE DENNIS S. MAPA 博士（2023）分析，菲律賓 2023 年 1 月至 10 月外貿出口額為 609.1 億美元，從主要貿易夥伴來看，對美國的出口額最高；進口額為 1,049.7 億美元，進口依經濟集團劃分，主要來自 APEC 會員國，次為 RCEP，再為東亞。其中，電子產品持續是出口最高商品，而工業製成品則占出口總額的最大比重。

據菲律賓統計局（PSA）公布 2018 年至 2022 年的進出口貿易情形，顯見菲律賓是一個高度仰賴進口的國家，近年來貿易數據多呈現逆差的狀態。（見表 1）

表 1　2018-2022 年菲律賓進出口情況

單位：億美元

年分	進出口總額	進口額	出口額	貿易逆差
2018	1,821.5	1,128.4	693.1	435.3
2019	1,825.2	1,115.9	709.3	406.7
2020	1,550.3	898.1	652.2	246.0
2021	1,915.4	1,168.8	746.5	422.3
2022	2,160.0	1,371.6	788.4	583.2

資料來源：駐菲律賓文化經濟處經濟組、菲律賓統計局，2023。

　　駐菲律賓文化經濟處經濟組（2023）指出 2022 年菲律賓對外貿易，主要進口產品為電子產品（23.9%）、礦物燃料、潤滑劑與相關材料（17.3%）、運輸設備（8%）、工業機械與設備（4.3%）、鋼鐵（4%）等；主要出口產品為電子產品（56.9%）、其他礦產品（4.9%）、其他製成品（4.8%）、飛機船舶使用之點火線組（3%）、機械及運輸設備（2.9%）、椰子油（2.7%）等。菲律賓 2022 年前十大進出口商品見表 2。

表 2　2022 年菲律賓前十大進出口商品

排名	前十大進口商品			排名	前十大出口商品		
1	電子品	6	鋼鐵	1	電子品	6	椰子油
2	礦物燃料	7	食品與牲畜	2	其他礦產品	7	精銅之陰極及其截面
3	潤滑劑與相關材料	8	穀物及其製品	3	其他製成品	8	化學品
4	運輸設備	9	雜項製品	4	飛機船舶之點火線組	9	金屬零件
5	工業機械與設備	10	通訊設備與電機	5	機械及運輸設備	10	電子設備及零件

資料來源：駐菲律賓文化經濟處經濟組，2023，作者整理。

菲律賓統計局（2023）資料顯示，2022年菲律賓前十大進口來源國為中國、印尼、日本、韓國、美國、新加坡、泰國、臺灣、馬來西亞及越南；而前十大出口市場則為美國、日本、中國、香港、新加坡、泰國、韓國、臺灣、荷蘭及德國。2022年菲國貿易逆差達583.2億美元，較2021年同期之422.3億美元擴大到38.1%。貿協全球資訊網（2023）資料顯示，菲律賓2022年的前十大進出口來源國之貿易額，見表3。

表3　2022年菲律賓前十大進出口來源國

單位：億美元

進口國	總金額	占比（%）	出口國	總金額	占比（%）
中國	282.1	20.6	美國	124.6	15.7
印尼	131.9	9.6	日本	111.3	14.1
日本	123.5	9	中國	109.7	13.9
韓國	123.2	9	香港	104.8	13.3
美國	89.2	6.5	新加坡	49.1	6.2
新加坡	81.2	5.9	泰國	33.7	4.3
泰國	73.3	5.3	韓國	31.3	4
臺灣	68	5	臺灣	29.6	3.8
馬來西亞	63.8	4.7	荷蘭	29.4	3.7
越南	44.8	3.3	德國	27.8	3.5

資料來源：駐菲律賓文化經濟處經濟組，2023，作者整理。

2022年在菲律賓進出口貿易中臺灣皆居第八位，顯見臺灣對菲國之貿易及投資仍有很大的成長空間。

參、菲律賓經貿政策

菲律賓小馬可仕政府上任後積極對外訪問招商，且採取一些新的經貿政策希望能有效的吸引外資，其政策重點如表4。

表4　2022年菲律賓政府經貿政策

項次	經貿政策
1	Build、Better、More（BBM）基礎建設計畫。
2	鼓勵外國投資菲國15個優先發展產業，並給予投資獎勵的策略投資優先計畫（SIPP）。
3	零售業自由化法。
4	企業復甦及稅務優惠法案（CREATE）。
5	外人投資法。
6	放寬外國投資再生能源事業持股限制。
7	建立綠色通道簡化投資申請，鼓勵策略性投資。
8	調降電動車進口關稅，推廣綠色交通。
9	計畫成立Marhalika財富基金，投資農業、能源、數位化及氣候變遷等關鍵策略性投資領域。
10	參議院批准RCEP協定，菲國於2023年5月生效適用。

資料來源：駐菲律賓文化經濟處經濟組，2023，作者整理。

　　此外，駐菲律賓文化經濟處經濟組（2023）研究顯示，菲律賓為了擴大國際貿易的範疇，在貿易政策上積極：(1) 加強與周邊國家和重要貿易夥伴的經濟交流；(2) 推動政府數位化，並簡化進出口程序；(3) 加強農產品及高附加價值產品出口；(4) 持續與國際多邊機構合作；(5) 對外洽簽FTA等促進貿易增長的實質政策。而外國人在菲投資的優劣勢如何？分析如表5。

表5　菲國投資之優劣勢

優勢	劣勢
市場具開發潛力。	基礎建設尚未完善。
農業合作發展空間大。	大馬尼拉地區已趨飽和，地價和工資上漲，喪失競爭優勢。

優勢	劣勢
勞力資源充足。	電價相較東南亞各國偏高。
基礎建設逐漸改善。	治安欠佳。
具有吸引外資的獎勵投資的優惠措施。	缺乏完整產業供應鏈。
經貿政策持續改革。	限制外人購買土地，影響外商至菲國長期投資的意願。
建立綠色通道快速或簡化執照的核發作業。	法令制度不全、行政手續繁瑣，增加營運成本。
鼓勵符合菲律賓發展計畫的策略性投資。	菲國法律規定，雇用超過半年以上勞工不能遣散，造成公司管理負擔。

資料來源：貿協全球資訊網，2023，作者整理。

肆、外資投資的情況

　　根據經濟部國際貿易局（2023）資料顯示，外國人投資菲律賓是持續成長的，2021 年菲律賓政府核准外商投資以占全年總投資 75% 的資通訊產業居首，次為占 13.8% 製造業及占 3.8% 的行政和輔助服務業。而據菲律賓統計局資料顯示，2021 年菲國核准的外國直接投資（FDI）金額約為 37.7 億美元，較 2020 年約 21.98 億美元，成長 71.5%。2021 年菲國外人直接投資來源國，依序為占外資投資總額 41.7% 的新加坡居首，次為荷蘭、日本，金額分別為 15.72 億美元、5.27 億美元、4.80 億美元。而 2022 年菲國外國人直接投資前五大來源國，分別是新加坡、日本、紐西蘭、英國和美國，臺灣則排名第十。這幾年全球前十大電商使用率增長最快的前十個國家，菲律賓以 25.9% 占首位，菲律賓的線上電商占東南亞第二位，2021 年 179.2 億美元，同比增長率 25%。所以，從 2022 年在菲國外國人直接投資的產業分布看，其中資通訊產業占 47% 最多，其次為房地產業占 24%、製造業占 16%、運輸倉儲業占 6%、行政輔助業占 5%、其他占 2%。

第二節　菲律賓與主要夥伴國的經貿情況

壹、中國與菲律賓經貿

一、中菲經貿關係

　　二十一世紀後，中菲雙邊貿易大幅成長，迅速展開合作，然而不可否認，中菲經濟存在競爭性時，也存在著巨大的互補空間。學者元晶晶（2010）研究指出：「經濟之間的互補與競爭」是決定和制約雙邊經濟合作關係發展的基礎。中菲在國民經濟中農業和資源性的工業占有重要的地位，出口產業的結構較為相似；所以，兩國在產品出口市場與吸引外資等方面存在激烈的競爭。但是，中菲的地理位置鄰近、交通方便，經濟合作成本較低，並且在先天資源、工業發展農業技術優勢、基礎建設等方面具有較強的互補性，這些優勢成為兩國進行經濟合作的基礎，目前兩國經濟合作已經從過去「單純的雙邊貿易」發展為「技術交流、資本來往」等多元的形式。研究也發現，中國與菲律賓經濟合作上有幾個特點：(1) 雙邊貿易成長快速；(2) 菲國對中國投資成長較大、規模也遠大於中對菲的投資；(3) 農業合作成為中非經濟合作的典範；(4) 國有企業是中對菲投資的主體；而民營企業的合作亦逐漸增長。2023 年綜觀中菲兩國仍維持友好關係，然而，逢此美國與中國之間競爭日漸激烈之時，菲國公開加強親美的外交政策，恐會加劇中國與菲律賓的緊張關係。

二、中菲雙邊貿易與投資

　　中菲兩國的貿易至二十一世紀後的往來快速且擴大，菲律賓貿易指南（2023）資料顯示，2000 年至 2007 年，雙邊貿易平均成長約 40%，後受全球金融危機的影響，中菲貿易是持續萎縮，至 2016 到 2022 年起

中菲貿易進出口總額是持續成長的，而兩國的貿易逆差也是同時成長。
見表6。

表6　2016-2022年中菲雙邊貿易統計

單位：億美元

年分	進出口總額	中自菲進口	中向菲出口
2016	472.1	173.7	298.4
2017	512.7	192.3	320.4
2018	556.7	206.1	350.6
2019	609.5	202.0	407.5
2020	613.0	193.4	419.6
2021	646.8	226.95	419.9
2022	877.3	230.5	646.8

資料來源：林博洋，《對外投資合作國別（地區）指南（菲律賓）》，2021。

　　據聯合國（2023）發布的中菲出口貿易數據顯示，2022年菲律賓
的進口總額為1,677億美元，中國占了菲律賓進口總額的38.57%，中
國仍保持為菲律賓第一大貿易夥伴。2022年，中菲進出口總額達877.3
億美元，成長7.1%。其中，中國向菲律賓進口230.5億美元，同比下
降6.9%；中國向菲律賓出口646.8億美元，同比成長13.2%。中國同時
也是菲律賓第一大進口來源地和第二大出口市場。而菲律賓則是中國第
六大進口來源國和第六大出口市場，也是中國在東盟的第六大貿易夥
伴。據跨港物流平臺（2023）整理資料顯示，中國出口菲律賓的優勢商
品主要集中在電機、鋼鐵、機械器具、塑料、車輛、礦物燃料、家具、
鞋子、服裝等。同時據中國商務部（2023）統計，中菲雙邊直接投資，
中國對菲國投資主要在機電加工、礦業、紡織、農業等領域，同時中國
也承包菲國大型工程、設計諮詢和勞務等雙邊資源合作。

　　菲國商品出口快速增加，至 2022 年菲律賓已成為中國最大的香蕉和菠蘿進口來源國，在「一帶一路」及 RCEP 的框架下，中菲經貿合作應該更有信心。中國自菲律賓進口的潛力商品，如榴槤、椰子油、加工食品；而中國對菲律賓出口的潛力商品，如服裝飾品、鋼鐵、航空器及輪船。近年來中菲經貿合作持續拓展，似乎不受疫情的影響，中菲貿易投資合作中國連續多年是逆勢成長的。中國多年來與菲國的的經貿合作，其方式為透過工程貸款、融資、援贈、投資及競標等，其金額動輒以數億美元計，可見中菲兩國關係之密切。貿協全球資訊網（2023）分析，中國是菲國最大進口的來源國，經常將食品、中藥、傳統手工藝品、手工具、五金、工作母機及發電設備等商品，以較低廉價格出口到菲國。近年來中菲以舉辦商展、籌組貿易訪問團、透過媒體廣告、代理商或設立辦事處加強市場的拓展和產品的行銷方式進入菲國市場。

三、貿易對策及展望

　　中菲貿易長期合作緊密，然而不可否認，其中仍存在一些問題。元晶晶（2010）研究認為：(1) 中國在中菲雙邊貿易中長期處於逆差地位；(2) 菲律賓國內客觀環境阻礙雙方經濟合作；(3) 有些商人短視近利損害長遠的合作發展。而菲律賓館企業（2023）發布的訊息，菲律賓在農產品進出口方面，中國對菲律賓農業產品貿易在進出口仍較弱。因此，雙方農產品貿易合作上仍有很大的潛力，中菲開展農業產品貿易的前景非常廣闊，是可深入開拓。根據美國商務部（2023）分析，在中美貿易戰下，對菲律賓觀察的結果是：(1) 菲國出口至中國的貿易量增加的幅度較美國大，中國仍是菲律賓最主要的貿易夥伴，然而菲律賓並未受惠於貿易移轉的效果；(2) 菲律賓整體進口負成長；而出口卻是正成長，這代表菲律賓的整體貿易狀況是有受到中美貿易戰的波及，因此，出現三角貿易上的損失。

貳、臺灣與菲律賓經貿

一、臺菲經貿關係

經濟部投審會表示，臺菲經貿投資往來向稱密切，然而，因外資持有土地受限；且菲國對區域全面經濟夥伴協定（RCEP）等國的各項自由貿易協定降低關稅，多數品項已降至零關稅，影響臺灣產品在菲國的競爭力，又臺菲租稅協定於 2002 年簽署，至今遲遲無法生效，對臺商前往當地投資的意願自然不高。所以，未來臺菲勢必需將雙方關切的重要經貿問題盡速克服，才能促進雙邊經貿關係更好的發展。學者整理近年來臺菲關切的重要經貿問題，見表 7。

表 7　近年來臺菲關切的重要經貿問題

臺灣關切重要經貿問題		菲律賓關切重要經貿問題	
1	推動臺菲貿易便捷化合作。	1	爭取臺商到菲國投資。
2	改善菲國投資環境。	2	申請菲國新鮮椰子及芒果輸臺。
3	推動放寬外資持有土地限制。	3	提供產業訓練課程。
4	促進雙邊經貿關係。	4	推動電動車合作計畫。
5	推動臺菲避免雙重課稅協定生效。	5	建立菲國醫療產業供應鏈。

資料來源：貿協全球資訊網，2023，作者整理。

二、臺菲雙邊貿易與投資

臺灣東南亞國家協會研究中心（2023）統計（見表 8），臺菲雙邊經貿關係，2019 年和 2020 年各衰退 31.41%、8.29%，2021 年臺菲雙邊貿易額達 90.71 億美元，臺自菲進口額達 29.97 億美元，對菲國出口額達 60.74 億美元，成長了 7.57%。儘管近年來受疫情挑戰及俄烏戰爭對臺菲貿易帶來莫大的影響，然而，2022 年臺菲貿易總額較 2021 年

仍成長 18.17%，爲 107.2 億美元，其中臺灣自菲國進口較 2021 年成長 2.76%，爲 30.81 億美元；臺灣出口到菲國較 2021 年成長 25.78%，爲 76.39 億美元。而經濟部國貿局（2023）統計，菲國 2022 年自臺灣進口總額 68 億美元，較 2021 年同期之 57.6 億美元增加 18%，同期間菲國進口的成長率爲 17.3%，與自臺灣進口成長 18% 相比，相較臺灣的出口競爭力和其他國家毫不遜色。就貿易逆差而言，盧慶芳（2023）分析，2022 年菲國對臺灣貿易逆差達 38.3 億美元，相較 2021 年同期的 32.4 億美元擴大了 15.6%，較菲國 2021 年整體貿易逆差擴大幅度 38.1% 爲低。

2023 年 1-6 月臺灣對菲律賓出口 27.62 億美元、進口 11.75 億美元，貿易順差爲 15.88 億美元。據財政部關務署（2023）統計資料顯示，2022 年臺灣是菲國第八大貿易夥伴、第七大出口市場、第八大進口來源國及第十大投資國；菲國爲臺灣第十五大貿易夥伴、第十一大出口市場及第二十二大進口來源國。

綜觀 2022 年同期間菲國總出口額成長只有 5.6%，顯示臺灣自菲進口仍然有成長空間；而同期臺灣出口至菲國的成長表現明顯優於菲國自全球進口的平均值，成長了 17.3%。2019-2022 年臺菲進出口情況。

表 8　2019-2022 年臺菲進出口情況

單位：億美元

年分	進出口總額	同比（%）	進口額	同比（%）	出口額	同比（%）
2019	82.47	-27.9	21.13	-15.26	61.34	-31.41
2020	77.71	-5.77	21.25	-0.507	56.46	-8.29
2021	90.71	16.72	29.97	41.02	60.74	7.57
2022	107.2	18.17	30.81	2.76	76.39	25.78

資料來源：駐菲律賓代表處經濟組、經濟部國際貿易局，2023，作者整理。

　　經濟部國貿局（2023）資料顯示，2022 年臺灣對菲律賓主要進口產品爲電機與設備及零件（68.31%）、機器與機械用具及零件（10.96%）、銅及其製品（5.02%）等；主要出口產品爲電機與設備及其零件（54.64%）、礦物燃料與礦油及其蒸餾產品（16.89%）、機器與機械用具及其零件（4.84%）等。2022 年臺灣對菲律賓進出口的前五大產品，見表 9。

表 9　2022 年臺灣對菲律賓進出口前五大產品

臺灣自菲國進口	同比（%）	臺灣出口菲國	同比（%）
其他積體電路	14.8%	其他積體電路	25.1
處理器及控制器	22.5%	其他柴油	245.5
儲存單元	-13.9%	處理器及控制器	60.2
攜帶式自動資料處理機零件及附件	-38.7%	印刷電路	-2.6
電晶體晶粒及晶圓	18.4%	計量或檢查半導體晶圓或裝置之儀器器具之零件及附件	18.5

資料來源：經濟部國貿局，2023，作者整理。

　　據經濟部投資審議委員會 2023 年資料顯示，從 1952 年至 2023 年 3 月臺灣對菲國投資共 262 件，總金額爲 22.87 億美元；而菲國對臺灣投資共 472 件，總金額 12.14 億美元。此外，菲國是一個主要以柴油爲燃料的進口國，近年因新冠肺炎疫情及俄烏戰爭造成全球油品供給面的波動，柴油短缺超過汽油，菲國對臺灣柴油進口的需求因而增加，用於以補足菲國柴油供給短缺的情形。

　　葉長城（2018）研究認爲，臺灣與菲律賓距離近，雙方經貿關係相當密切。近年來臺菲間的貿易集中在機械設備、電機設備和礦物燃料等產品項目，三項產業內的貿易及分工現象明顯，雙方貿易總額穩定成長。早期臺商至菲投資是配合下游客戶的全球生產布局的「追隨客戶」

（Follow the Customers）策略，今因中國市場勞動力和生產成本上升，經營環境又漸趨惡化，使得不少臺商轉往菲律賓設廠，臺灣對菲國的投資金額因而逐年增長。近十年來，臺商積極投資菲國工業與金融、保險業等服務業，為菲國製造業與服務業增加就業與從業人員訓練的機會，並且導入先進設備和生產管理技術，建立可與國際接軌的供應鏈，為菲國帶來許多具體的幫助。

三、貿易對策及展望

葉長城（2018）研究臺商於菲律賓面臨的投資障礙，包括：法令、行政程序、勞動、人力資源、貿易、投資、稅務與基礎設施等議題。根據貿協全球資訊網（2023）學者分析，建議臺商至菲律賓投資，從市場開發面及從人力暨政策面來說，可以注意以下問題，見表 10。

表 10　臺商至菲律賓投資可注意的問題

從市場開發面說	人力暨政策面說
1. 正視菲國經濟發展迅速、消費實力漸強。	1. 工資、生產力、服務標準工會組織等勞工議題。
2. 菲律賓以馬尼拉為輻射中心，市場的集中度高。	2. 海關查緝導致關務效率低落。
3. 線上購物快速崛起、購物中心為中高階產品必爭之地。	3. 幣值穩定問題。
4. 多接觸市場、發掘內銷商機。	4. 政府行政管理效率低落。
5. 以衛星工廠角色關注產業鏈缺口的發展潛力。	5. 重視智慧財產權，防範仿冒及盜版。

資料來源：貿協全球資訊網，2023，作者整理。

至於臺菲兩國加強合作之領域項目，葉長城（2018）認為臺菲間可優先考慮包括：(1) 人力資源與培訓合作；(2) 中小企業發展合作；(3)

農業高值化與應用生技合作；(4) 電子電機與資通訊創新應用合作；(5) 機械產業合作；(6) 工業園區開發合作；(7) 醫療器材與醫療衛生合作；(8) 能源產業合作。而針對如何提升臺菲雙邊經貿與投資之實質關係議題上，葉長城（2018）研究指出，可分為對政府政策的建議和對市場與產業面的政策建議，見表11。

表11　提升臺菲雙邊經貿與投資之建議

政府面的政策建議	市場與產業面的政策建議
1. 善用臺菲部長級會議溝通管道，增進雙邊交流與合作成效。	1. 培養赴菲拓銷人才、市場人脈，深耕菲國市場，掌握其內需市場商機。
2. 推動臺菲雙邊議題與產業連結平臺之合作，協助臺商加大赴菲投資。	2. 以臺菲各項雙邊產業論壇、會議及會展，建立雙邊產業之合作機會。
3. 加強臺菲在數位政府等治理軟實力議題之合作。	3. 以醫療和能源產業為重點，深化雙方產業合作和鏈結。
4. 推動洽簽臺－菲經濟合作協議（ECA），提升雙邊經貿合作。	4. 掌握菲國重大產業、建設政策之商機及投資優惠，開發菲國市場。
5. 早日促成臺－菲租稅協定生效，以確保臺商合理租稅權益。	5. 臺商可善用菲國本身產業利基，以競爭優勢尋找合作夥伴和開拓市場。
6. 協助業者掌握菲國具體投資案源，透過精準媒合業者進入菲國內需市場成長的商機。	6. 整合既有媒合平臺，以策略聯盟、整體力量或與第三國業者合作，開拓菲國市場商機。

資料來源：葉長城，2018。

　　臺灣投審會（2023）資料顯示，臺商在菲國投資以中小企業及傳統製造業居多，投資行業可謂相當廣泛的。所以，有些學者建議，臺商至菲律賓可投資產業的類型：(1) 勞力密集產業；(2) 農產品加工；(3) 觀光旅遊；(4) 菲國「策略投資優先計畫」（SIPP）產業：包含創造大量就業或提高產品附加價值、菲國未生產之重要零組件、有利菲國產業結構轉型及對產業發展具革命性影響的投資活動。此外，臺商也可以和當

地就農業技術和飼料加工領域雙方技術合作。臺灣外貿協會的建議是，臺菲產業合作可從策略性投資優先計畫的 15 項優先發展產業，如電機電子、半導體與電子組裝、汽車零組件及電動機車、航太產業、交通運輸、物流和農產加工品雙邊進行產業合作。

參、美國與菲律賓經貿

一、美菲經貿關係

美國貿易代表辦公室行政主席 2023 年表示，美國和菲律賓一百多年來始終保持著非常密切的貿易關係。美菲在 1989 年雙邊貿易和投資框架協議（TIFA）的支持下，兩國定期與會面，以解決懸而未決的雙邊問題，並就雙邊、區域和多邊問題進行協調。根據 TIFA，美菲雙方於 2010 年也簽署了《海關管理和貿易便利化協議》、2006 年的《制止紡織品和服裝非法轉運合作協議》，以及菲律賓於 1998 年實施《最低准入承諾的協議》。盧慶芳（2023）指出，美國和菲律賓長期視彼此為安全夥伴，互為重要盟友。小馬可仕政府上任後致力改善與美國雙邊關係，持續國際議題上的合作，並加強軍事演習等方面進行外交結盟，雙方並於 2023 年初擴大加強防務合作的協議。

二、美菲雙邊貿易與投資

美國貿易代表辦公室 2023 年統計，美國對菲律賓的直接投資以製造業、專業、科學和技術服務以及批發貿易為主。2022 年，美國對菲國的外國直接投資（FDI）（存量）為 62 億美元，比 2021 年增長 15.7%。至 2022 年，美國與菲律賓的商品和服務貿易總額約為 361 億美元；出口為 128 億美元，進口額為 233 億美元，其中 2022 年美國從菲律賓的商品進口總額為 162 億美元，比 2021 年成長 15.4%（22 億美元）；而出口額為 93 億美元，比 2021 年增加 0.5%（5,000 萬美元），

2022 年美國對菲律賓的商品和服務貿易逆差爲 104 億美元。美國對菲律賓的主要服務出口是旅遊、運輸、科技和其他服務領域。2022 年美國來自菲律賓的服務進口額約爲 71 億美元，比 2021 年增加 38.7%（20 億美元）；出口約爲 35 億美元，比 2021 年增加 48.6%（12 億美元）。2022 年，美國對菲律賓的服務貿易逆差約爲 36 億美元，比 2021 年增加 30.2%。由美國商務部經濟分析局（BEA, 2023）統計料顯示，2018-2022 年美國對菲律賓貨物進出口額，見表 12。

表 12　2018-2022 年美國對菲律賓貨物進出口額

單位：億美元

年分	進出口總額	進口額	出口額	貿易順（逆）差
2018	213.93	126.09	87.84	-38.25
2019	213.90	126.83	87.07	-39.76
2020	187.19	109.78	77.41	-32.37
2021	229.64	137.10	92.54	-44.56
2022	255.00	162.00	93.0	-69.0

資料來源：美國商務部經濟分析局（BEA），2023。

　　美國農業部外國農業服務局（USDA-FAS, 2022）報告顯示，2021 年美國是菲律賓最大的農產品來源國，約占 21%。菲律賓是美國豆粕第一大、小麥第二大、乳製品第四大、豬肉第七大、農產品第八大出口目的地。邦巨紡織 Mars（2023）分析，美國是菲律賓服裝出口最大的市場，2022 年，菲律賓出口美國服裝總額 2.167 億美元，占菲律賓服裝總出口的 57.13%。又從 2023 年 10 月菲律賓主要貿易夥伴來看，對美國的出口額最高，達到 10.2 億美元，占其全國出口總額的 16.0%。顯見菲律賓對美國經濟體的依賴。反觀 2022 年美國與菲律賓貿易額僅 200 多億美元，兩國距離又遙遠，經濟合作與貿易往來實在存在諸多不便，

然而菲律賓政府仍向美國開放了 9 個軍事基地示好，以求取貿易上的利益。

三、貿易對策及展望

在中美貿易戰中，美國為了拉攏菲律賓，卯足全力為菲律賓修鐵路、公路和機場，在學校免費英文課程教學，並且提出「自由貿易」，對菲律賓進出口商品取消限制和阻礙。其中包括了關稅，就貨物方面的關稅而言，美國只對菲國徵收 0-5% 的關稅；而菲國則對美國徵收 0-10% 的關稅，同時如 TPP、TFTEA 等協定也對美菲之間的關稅產生了一些影響。

肆、韓國與菲律賓經貿

一、韓菲經貿關係

韓國政府力推的「新南方政策」把菲律賓列為核心夥伴，韓國與菲律賓並於 2023 年 9 月 7 日完成雙邊 FTA 的簽署，有助於雙方之經貿關係。隨著雙邊經貿合作關係的加強，南韓已是菲律賓重要的貿易夥伴之一。菲國貿工部認為韓國確實是菲律賓重要的貿易和投資夥伴，雙方可為優先產業帶來戰略性的投資。

根據 2023 年韓國產業通商資源部（Ministry of Trade, Industry and Energy, MOTIE）公布資料，雙邊 FTA 生效後，韓國可免除菲律賓約 94.8% 個貨品項數的關稅；菲律賓則對韓國約 96.5% 的貨品免除關稅。未來韓國汽車將由目前的 5% 降至零關稅，而在 FTA 生效後五年，汽車零組件的關稅亦可從 3-30% 降至零關稅，韓國汽車產業在菲國汽車市場的競爭力勢必大幅提升。此外，菲律賓擁有豐沛的自然資源，如鎳、銅、黃金等，與菲國強化經貿合作夥伴關係亦有助於增加韓國礦物供應鏈韌性。同時為提升兩國在經貿投資的發展，雙方還簽署了在經濟

通商、科技、再生能源、基礎設施、交通等領域合作的協議。

二、韓菲雙邊貿易與投資

2017 年韓國與菲律賓的雙邊貿易 106.1 億美元，韓國是菲律賓的第五大貿易夥伴。據經濟複雜性研究中心統計，2021 年韓國出口到菲律賓 92.3 億美元，主要出口產品是具有較高科技含量的電線、石化製品、集成電路等；同年，菲律賓出口到韓國 31.9 億美元，主要的出口為機械零組件、香蕉等。2022 年，雙邊貿易總額 154.5 億美元，韓國已是菲律賓的排名第四位的貿易夥伴、第六大的外資投資國，核准投資總額達 9,062 萬美元。2022 年韓國是菲律賓服裝出口第二大市場，僅占頂級市場份額的 1/5，菲律賓向韓國出口額 358.77 億美元的服裝，占總發貨的 9.73%。

三、貿易對策及展望

貿協全球資訊網（2023）學者分析，韓國企業在菲國憑藉其雄厚財力與優越技術的靈活運籌帷幄，建立自有的行銷管道。而韓國的大型商社在菲國均設有分支機構，蒐集市場價格和供需、經銷商以及相關投資等商情資料，並成立行銷或貿易部門處理跨國貿易事務，有些韓國大企業就直接在菲國設廠或雙方合作，近年來韓國美妝知名品牌為方便消費者的採購，將美妝專櫃集中在百貨公司，呈現了群聚性，然而，韓國各類美妝品牌在菲市場仍屬二線品牌。韓國人拓銷海外市場較少以「獲利」為第一目標，而是以「市場占有率」為優先考量，因此，韓國美妝產品在菲律賓市場的布局仍以「卡位」的成效為其效益。

又因當地店租高、產品售價較低廉、來客量又不夠大等現實因素下，獲利實在是有限的。菲律賓財政官員曾表示，韓國是菲律賓第六大官方發展的援助國，提供菲國數億美元的無償援助和貸款。韓菲兩國經

濟可以互補，可開展彼此的密切合作，雙方間的貿易和投資快速成長是值得期待的。

伍、日本、新加坡、香港與菲律賓經貿關係

一、日菲經貿關係與雙邊貿易

2008 年菲律賓和日本簽訂了自由貿易協定，涵蓋服務貿易、貨物貿易、投資、政府採購、知識產權保護、海關程序、自然人流動、改善商業環境等內容。貿協全球資訊網（2023）學者分析，菲國從日本進口以電子、電機、汽車等為主。日本大廠如豐田、日立、三菱、新力、馬自達、國際等在菲國都設有裝配廠，而零組件大都是從日本進口的。這些日本的大型商社在菲國亦均設有分支機構，並成立貿易或行銷部門處理跨國貿易投資和服務。根據網易新聞報導，2023 東盟和日本的峰會後，日本與菲律賓雙方已經進行較緊密的合作，2022 年日本和菲律賓之間的貿易總額增長至 235 億美元左右，比 2021 年成長了 10.9%，而2022 年菲律賓向日本出口服裝 1.95 億美元，占 5.3%，日本為菲律賓的第二大貿易夥伴。除了經貿關係，近年來，菲律賓向日本進行較多的勞動力輸出，尤其是菲傭在日本廣受歡迎，據媒體非全面性的調查統計，2022 年日本勞動市場大約聘雇 33 萬名菲傭，同時菲律賓也承接了日本離岸外包的業務愈來愈多，這些都進一步鞏固了日本與菲律賓之間的經貿關係。

二、新菲經貿關係與雙邊貿易

菲律賓和新加坡雖然在經濟發展上有明顯的差異，然而兩國同為東協成員國和東南亞重要的經濟體，雙方之間維持著密切經濟合作而非競爭。彼此在投資、貿易、旅遊等領域都有非常緊密的聯繫。自 1990 年起，雙方簽署多項雙邊貿易協定，逐步取消大部分商品的關稅壁壘及不

斷增強雙方的經濟結構，因此，雙邊貿易額持續的成長。

根據 2019 年統計數據顯示，菲律賓是新加坡外資投資排名中的第 8 位，而新加坡是菲律賓外資投資排名中的第 3 位，新加坡是菲律賓第四大貿易夥伴，雙邊貿易額達到 115 億美元。

2021 年，新菲雙邊貿易額是約 173.5 億美元，成長 17.2%。至 2022 年新加坡是菲國海外最大的投資者，投資額高達約 15.7 億美元。投資範圍包含製造業、金融業、房地產、旅遊等多領域。這些投資為菲國帶來高技術和資金，創造大量就業的機會，以投資合作助力菲律賓的經濟成長。

2023 年 9 月新菲兩國領導人聯合發布文告，取消新加坡聘請菲傭繳付履約保證金的要求，協議加強雙方在資訊、醫療、反恐、個人資料保護、城市發展及水資源等六項領域的合作。2023 年 11 月菲航宣布與新航簽署「代碼共享協議」，更加密切地合作，將可支持新菲兩國及世界各地不斷成長的休閒和商務旅行市場的需求。儘管目前兩國必須共同面對貿易不平衡的挑戰，相信兩國持續深化合作、積極推動雙邊投資和貿易，其合作前景仍然十分廣闊的，可為兩國經濟的發展作出更大的貢獻。

三、港菲經貿關係與雙邊貿易

香港一直是菲律賓的重要貿易夥伴和主要的外商直接投資來源地，2021 年，香港是菲律賓第四大出口市場，香港對菲律賓的經貿關係，從商業角度來看，香港是為「中介的聯繫者」，可以幫助菲律賓商界進入中國廣大的市場，香港亦可憑藉自身的各種聯繫和中國在菲國的投資或基礎建設以產生更大的貿易效益。地理上香港與菲律賓距離近，也沒有國與國之間的矛盾和競爭，且香港不少家庭雇傭主要的來源國是菲律賓，這些菲籍家庭外傭對香港近年的發展貢獻很大。加上菲律賓人

口眾多、資源豐富，香港的企業可以利用菲國龐大的人力與土地資源在菲國投資，發展國際性的優良企業。此外，菲律賓近年積極與中國進行合作，經濟發展潛力非常大。所以，香港應該可與菲律賓簽訂協議，以雙邊協議促使雙方更緊密的交流貿易，讓香港成為菲律賓的中轉站，菲律賓不少商品可經香港中轉到其他地區；而香港可在產業、金融資本及服務業的發展上與菲國合作，創造雙贏。

貿協全球資訊網（2023）學者分析，新加坡與香港產品在菲國行銷策略與臺灣廠商類似，大多透過在菲國以獨資、合資或代理商方式設立公司，進行產品推廣行銷。新加坡與香港也透過其在菲國分公司拓展業務。此外，新加坡及香港亦透過華商的居間聯繫，與菲國許多華僑建立很好的合作關係。在香港與東協簽署自由貿易協定（AHKFTA）下，在服務業方面香港與菲律賓雙方可享國民待遇，菲律賓多項行業給予港資企業參股的上限可超過 50%，甚至可全資擁有。2023 年菲律賓駐香港總領事館副領事（商務）馬凱樂（Roberto B. Mabalot, Jr.）認為香港企業可善用其專業知識和網絡與菲律賓投資或商業合作，找到豐厚商機，其具體行業如下：(1) 商業服務業：香港企業可以視菲律賓為獲取一流商務服務和後臺辦公室支援的理想地點；(2) 先進製造（電子和汽車）：電子和汽車業是菲律賓先進製造業的重點行業，全球一些汽車製造業巨頭已在菲律賓設廠；(3) 航空航天：菲律賓的航空航天工業其實規模頗大。業內多家大公司已在菲律賓設立據點；(4) 綠色和藍色經濟：菲律賓是島國，蘊含豐富天然資源，農業和海洋產業眾多商機，香港綠色經濟的專業知識，可以在菲律賓找到廣大的市場。近年來，菲港兩地間的經貿日趨密切，香港也為菲律賓企業提供了好的機遇，因此，菲律賓企業在香港拓展業務愈來愈多，而在疫情過後，香港消費者更加樂意接受外來的商品和服務，為菲律賓企業提供新機遇。

第三節　菲律賓國際貿易未來發展與前景

壹、菲律賓投資之挑戰與機會

　　外商至菲律賓投資之挑戰，根據貿協全球資訊網（2023）學者分析，外國廠商參與菲國之財物採購有相當限制，因為菲國優惠其國內廠商之原則已明定於菲國憲法：「惟本國廠商享有 15% 之價格優惠」。如有菲國內工程所需之貨品、無法供應之財物或諮詢服務，均須向菲人企業持股在 60-75% 以上之企業採購。外商至菲律賓投資之機會，葉長城（2018）研究分析，當前菲律賓對外開放並積極與國際經濟整合，發展前景可期，加上內需市場商機龐大、天然資源豐富、勞動力充沛且具英語優勢、薪資上漲幅度較慢且給予外資投資優惠等優勢，已使菲律賓成為外資前進東協投資的主要國家之一。經濟部國際貿易局（2023）研究分析，菲國《企業復甦及稅務優惠法案》（*Corporate Recovery and Tax Incentives for Enterprises Bill*, CREATE）追溯自 2020 年 7 月起生效，新法將大型企業之企所稅（CIT）調降至 25%、中小企業 CIT 則調降至 20%，出口企業可享 10 年特別企業所得稅率，精簡稅務獎勵措施，可以帶動投資及就業，並刺激菲國內企業的出口。

貳、菲律賓投資之政策利多

　　駐菲律賓代表處經濟組（2023）分析指出，2022 年菲國政府公布：(1)「Build, Build, Build」（BBB）基礎建設計畫，十年內將投入 1,800 億美元，全面改善基礎建設，刺激經濟成長，允許外資財團提供融資參與大型投資案；(2)《零售業自由化法》大幅調降外國公司進入的門檻，經營零售業之最低實收資本額由 250 萬美元降為 50 萬美元，並取消對業績紀錄、分店數以及淨資產、等營業資格的限制、開放小型投資進入菲國零售市場、外資可多採購菲國商品。(3)《公共服務法》開放准許外

資可 100% 持有電信、鐵路、國內航運、航空公司、高速公路和收費公路以及機場等行業；(4)《外商投資法》取消一些對外國投資之限制，企業更容易進入菲律賓市場。菲國政府公布這些新政策，對吸引更多外商於當地投資應該是有所助益。盧慶芳（2023）指出，由於主要政黨都支持立法，菲律賓政府多層面推出優惠措施以吸引外資企業，將公司稅分階段由 30% 降至 20%。又根據《企業復甦及稅務優惠法案》，按所屬層級及所在地，享有各種成本（研發、勞工、培訓、公用事業）的稅務減免，所得稅的免稅期、以及增值稅和豁免關稅等的優惠。同時小馬可仕政府傾向延續「親市場政策」，除了加強基礎設施外，並放寬投資監管制度，營造有利的商業的政策，並且努力提升競爭力。

參、赴菲律賓投資之建議

　　2023 年，菲律賓駐香港總領事館商務副領事馬凱樂認為外商企業可以透過合作或投資，充分把握菲律賓提供的一些領先優勢。如菲律賓「策略投資優先計畫」下的選定行業，這些行業分為三個層級，提供不同的稅務優惠。第一級涵蓋的行業在創造就業機會方面潛力豐厚，能為菲律賓的社會發展及工業提供基礎結構上的支援，如基礎設施和物流、旅遊業、農業、漁業和林業、策略性服務、環境和氣候變化相關項目、推動創新的活動、符合條件的製造活動、生產出口商品或服務，或從事支持出口的活動、投資於擁擠地區以外且經批准的活動。第二級行業可以支持菲律賓發展具有競爭力和韌性的經濟，如綠色生態系統、醫療衛生、國防相關活動及可填補工業價值鏈的項目，如綠色金屬加工、鋼鐵、化工、紡織、實驗室規模的晶圓製造、原油精煉和糧食安全等相關項目。而第三級行業則包括最先進和前沿的領域，如先進製造和機械人、人工智慧和物聯網、區塊鏈、雲端計算。各國企業若有意願了解菲律賓的諸多商機，聯繫菲律賓貿易和投資部轄下的菲律賓駐各國的貿易

暨投資中心。

肆、赴菲律賓投資之前景

　　跨港物流平臺（2023）綜合整理自環球網、搜航產研院的資料，指出菲律賓市場的潛力：(1) 菲律賓整體消費需求比較旺盛；(2) 社媒使用率高，爲東南亞國家中最長的，有 60% 品牌以直播帶貨吸引客戶；(3) 電商增長快速，2022 年增長爲 25.9%，預測 2023-2027 年增長率可達 12.4%；(4) 2023 年 6 月 2 日，RCEP 對菲律賓正式生效，有助於外商深度進入菲律賓市場，與各成員國迅速發展經貿關係。綜觀菲律賓相對人口的規模比較龐大、年輕且受過良好教育，可以爲製造業提供不少商機，加上城鎮城市化不斷的擴展，及日益增長的中產階層，實質促進菲律賓消費市場的快速成長。因此，在諸多有利的政策與條件下，外資是可持續投資菲律賓，專家學者預測菲國的經貿發展會逐步成長。然而，不可否認，菲律賓存在貪腐與效率低落的官僚作風，恐會持續的削弱政府重大改革的影響力。

參考文獻

1. 林博洋、文良權，2023，〈RCEP成員國系列──菲律賓〉，《對外投資合作國別（地區）指南（菲律賓）》（2021年版），中華人民共和國商務部。

2. 原晶晶，2010，〈從經濟互補性看中國與菲律賓的經濟合作〉，《東南亞縱橫》，5，頁65-70。

3. 葉長城，2018，《臺商經貿投資白皮書──菲律賓篇》，中華經濟研究院。

4. 駐菲律賓代表處經濟組，〈菲律賓經濟發展現況與臺菲雙邊經貿關

係〉，簡報。2023年3月，取自網址：https://newsouthboundpolicy.
trade.gov.tw/Files/Pages/Attaches/3227/菲律賓.pdf。

5. 經濟部國際貿易局，〈菲律賓去（111）年進出口貿易情形及
本（112）年展望〉，中華民國對外貿易發展協會。2023年
2月3日，取自網址：https://www.taitra.org.tw/News_Content.
aspx?n=104&s=56535。

6. 中國駐菲律賓使館經銷處，〈2021年菲律賓農產品對外貿易情
況〉。2022年4月28日，取自網址：http://yzs.mofcom.gov.cn/article/
ztxx/202204/20220403308105.shtml。

7. 臺灣東南亞國家協會研究中心，〈菲律賓〉。2023年10月20日，取自
網址：https://www.aseancenter.org.tw/菲律賓。

8. 盧慶芳編輯，〈菲律賓政經概況〉。2023年8月1日，取自網址：
https://www.eximclub.com.tw/innerContent.aspx?Type=Publish&ID=4735
&Continen=1&Country=菲律賓。

9. 貿協全球資訊網，〈市場環境分析〉。2023年7月27日。取自網址：
https://www.taitraesource.com/total01.asp?AreaID=00&CountryID=PH&tI
tem=w04。

10. 貿協全球資訊網，〈菲律賓〉拓展建議〉。2023年7月27日，取自網
址：https://www.taitraesource.com/total01.asp?AreaID=00&CountryID=P
H&tItem=w06。

11. 經濟部國際貿易局，〈菲律賓（The Philippines）經貿檔〉。2023年9
月12日，取自網址：https://www.trade.gov.tw/Files/PageFile/725564/725
564ppwgy20230303135611.pdf。

12. 菲律賓館企業，〈菲律賓農產品進出口貿易現狀〉。2023年9月7日，
取自網址：http://www.shangyoubang.cn/flbguandetail.asp?id=114。

13. 菲律賓貿易指南（2023年）。2023年11月7日，取自網址：https://
www.tdb.org.cn/u/cms/www/202309/281535408xzo.pdf。

14. 貿協全球資訊網，〈（菲律賓）近三年主要進口國家〉。2023年7月27日，取自網址：https://www.taitraesource.com/total01.asp?AreaID=00&CountryID=PH&tItem=w15。

15. 貿協全球資訊網，〈（菲律賓）近三年主要出口國家〉。2023年7月27日，取自網址：https://www.taitraesource.com/total01.asp?AreaID=00&CountryID=PH&tItem=w16。

16. 貿協全球資訊網，〈（菲律賓）投資環境分析〉。2023年7月27日，取自網址：https://www.taitraesource.com/total01.asp?AreaID=00&CountryID=PH&tItem=w02。

17. 貿協全球資訊網，〈市場環境分析〉。2023年7月27日，取自網址：https://www.taitraesource.com/total01.asp?AreaID=00&CountryID=PH&tItem=w04。

18. Office 0f the United States Trade Representative/EXECUTIVE OFFIC OF THE PRESIDENT，(Philippines)。2023年11月20日，取自網址：https://ustr.gov/countries-regions/southeast-asia-pacific/philippines。

19. 搜狐，跨港物流平臺，〈2023外貿新興市場，菲律賓有何潛力？〉。2023年10月8日，取自網址：http://news.sohu.com/a/726517755_121705555。

20. 悟空智庫，〈菲律賓貿易指南（2023年）〉。2023年10月7日，取自網址：https://www.wukongzhiku.com/hangyechanye/125684.html。

21. 駐菲律賓共和國大使館經濟商務處，〈今年菲律賓將從美國進口價值40億美元的農產品〉。2022年6月8日，取自網址：http://ph.mofcom.gov.cn/article/jmxw/202206/20220603317236.shtml。

22. 邦巨紡織Mars，〈菲律賓的服裝出口額為3.68億美元，美國是其最大的市場〉。2023年5月11日，取自網址：https://www.bonjun.cn/news/63306.html。

23. 貿協全球資訊網，〈與我國經貿關係〉。2023年7月27日，取自網址：https://www.taitraesource.com/total01.asp?AreaID=00&CountryID=PH&tItem=w05。

24. 物流技術與戰略雜誌，〈菲律賓國際物流業 即將恢復榮景〉，*121*。2023年10月27日，取自網址：https://www.logisticnet.com.tw/publicationArticle.asp?id=1364。

25. 美國商務部，〈美國對菲律賓進出口口額及貿易逆差（2018年-2021年）〉。2023年11月27日，取自網址：https://www.shujujidi.com/caijing/1016.html。

26. CLAIRE DENNIS S. MAPA, PhD，Highlights of the Philippine Export and Import，Philippine Statistics Authority。2023年12月12日，取自網址：https://psa.gov.ph/statistics/export-import/monthly。

27. 經濟部產業發展署、KOREA.net，〈韓國與菲律賓簽署雙邊自由貿易協定〉。2023年12月15日，取自網址：https://www.ecfagoods.tw/news-detail.php?id=438。

28. 網易新聞，〈菲媒：菲律賓和日本兩國開始談判有關互派軍隊駐紮協議〉。2023年12月19日，取自網址：https://m.163.com/dy/article_cambrian/IMBV88DN05566GWF.html。

29. 薛冠楠，〈疫後前景：菲律賓〉，經貿研究（Research）。2023年4月17日，取自網址：https://research.hktdc.com/tc/article/MTMzMDY0OTEwNw。

國家圖書館出版品預行編目(CIP)資料

耀眼的千島珍珠──菲律賓／許文志，李建
宏，許純碩，許淑婷，張李曉娟，許淑敏，
李佳翰著.--初版.--臺北市：五南圖書出版
股份有限公司，2024.05
面；　公分
ISBN 978-626-393-309-5 (平裝)

1.CST: 政治經濟　2.CST: 菲律賓史

739.11　　　　　　　　　　113005755

1MAT

耀眼的千島珍珠──菲律賓

作　　　者 ― 許文志、李建宏、許純碩、許淑婷、

　　　　　　　張李曉娟、許淑敏、李佳翰

發 行 人 ― 楊榮川

總 經 理 ― 楊士清

總 編 輯 ― 楊秀麗

副總編輯 ― 侯家嵐

責任編輯 ― 吳瑀芳

特約編輯 ― 張碧娟

封面設計 ― 封怡彤

出 版 者 ― 五南圖書出版股份有限公司

地　　　址：106臺北市大安區和平東路二段339號4樓

電　　　話：(02)2705-5066　　傳　真：(02)2706-6100

網　　　址：https://www.wunan.com.tw

電子郵件：wunan@wunan.com.tw

劃撥帳號：01068953

戶　　　名：五南圖書出版股份有限公司

法律顧問：林勝安律師

出版日期：2024年5月初版一刷

定　　　價：新臺幣300元

經典永恆・名著常在

五十週年的獻禮 ── 經典名著文庫

五南，五十年了，半個世紀，人生旅程的一大半，走過來了。
思索著，邁向百年的未來歷程，能為知識界、文化學術界作些什麼？
在速食文化的生態下，有什麼值得讓人雋永品味的？

歷代經典・當今名著，經過時間的洗禮，千錘百鍊，流傳至今，光芒耀人；
不僅使我們能領悟前人的智慧，同時也增深加廣我們思考的深度與視野。
我們決心投入巨資，有計畫的系統梳選，成立「經典名著文庫」，
希望收入古今中外思想性的、充滿睿智與獨見的經典、名著。
這是一項理想性的、永續性的巨大出版工程。
不在意讀者的眾寡，只考慮它的學術價值，力求完整展現先哲思想的軌跡；
為知識界開啟一片智慧之窗，營造一座百花綻放的世界文明公園，
任君邀遊、取菁吸蜜、嘉惠學子！